मुक्ति-दूत

(मानवाधिकारों के लिए मशाल उठाने वाले भारतरत्न
डॉ० भीमराव आम्बेडकर के जीवन तथा विचारों पर
आधारित एक विचार-प्रधान प्रयोगधर्मी खण्डकाव्य)

वाणी प्रकाशन

नयी दिल्ली-110002

फोन : 3273167, 3275710 • फैक्स : 3275710

e-mail : vani_prakashan@yahoo.com

vani_prakashan@mantraonline.com

मुक्ति-दूत

हरिमोहन

आवरण : मैक्सिकन चित्रकार जोस क्लीमेंट ओरोज़का का चित्र 'दास'
'यूनेस्को दूत' (मई, 1994) से साभार।

वाणी प्रकाशन
21-ए, दरियागंज, नयी दिल्ली-110002
द्वारा प्रकाशित

प्रथम संस्करण : 2001

मूल्य : 150.00

शुभम् ऑफसेट, दिल्ली-110032
द्वारा मुद्रित

MUKTI-DOOT (Poem)
by Hari Mohan

पूर्व कथन

यह पीड़ा और संकल्प का काव्य है। इसमें एक महान् पुरुष का सम्पूर्ण मानव-जाति को मानव-अधिकारों के प्रति सचेत एवं सक्रिय करनेवाला स्वर अनुगुंजित है। जिसका स्वप्न था - ऐसे समाज की स्थापना, जिसमें समानता, स्वतंत्रता और भ्रातृत्व का साम्राज्य हो।

यह खण्डकाव्य प्रज्ञापुरुष बाबा साहब भीमराव आम्बेडकर के जीवन की उद्वेलित कर देनेवाली कुछ घटनाओं के माध्यम से उनके मनःसंघर्ष, व्यक्तित्व-विकास तथा चिन्तन को रेखांकित करने का प्रयास है। स्वाभाविक है कि इसमें घटनायें गिनी-चुनी हैं; किन्तु जो हैं, सही हैं। इतिहास-सम्मत हैं। फिर भी, कल्पना का यत्किंचित समावेश करना आवश्यक था; ताकि यह जीवनी या इतिहास बन कर न रह जाय; काव्य बन सके। मेरा यह भी प्रयास रहा है कि भारतरत्न श्री आम्बेडकर के विचारों की तरह इस काव्य में भाषा की रचनात्मकता उसकी सहजता के बीच से निकल कर आये। जटिल न हो।

डॉ0 आम्बेडकर समझते थे कि सरकार एक ऐसा संगठन है जो -(1) जनता की जीवन-रक्षा, स्वतंत्रता, सुख,भाषा और धर्म-पालन के अधिकारों की रक्षा करता है; (2) दलित वर्गों को समान अवसर प्रदान करके सामाजिक, राजनीतिक और आर्थिक असमानताओं को दूर करता है; तथा (3) अपने हर नागरिक को अभाव और भय से मुक्ति प्रदान करता है। स्वातंत्र्य-पूर्व भारत में उन्होंने भारतीयों की आज़ादी और अधिकारों की लड़ाई लड़ी। साथ ही उन्होंने कहा कि स्वतंत्रता मात्र राजनीतिक नहीं, यह सामाजिक, आर्थिक, बौद्धिक एवं आध्यात्मिक भी होनी चाहिए।

उन्होंने **देश की स्वतंत्रता** और ***उस देश के लोगों की वैयक्तिक स्वतंत्रता*** में अंतर की स्पष्ट व्याख्या की। वे ऐसा अनुभव करते थे कि यदि जन-जन की वैयक्तिक स्वतंत्रता सुनिश्चित नहीं की जाएगी, तो राष्ट्रीयता का अर्थ होगा आंतरिक दासता, जबरन मजदूरी और गरीबों पर सुनियोजित अत्याचार।राष्ट्रवाद तभी औचित्य ग्रहण कर सकता है जब मानव के बीच जाति, नस्ल या रंग का अंतर भुला कर उसमें सामाजिक भ्रातृत्व को सर्वोच्च स्थान दिया जाए।

उनका विचार था कि मुट्ठीभर राजनीतिक अधिकार ही लोकतंत्र नहीं कहला सकते, बल्कि लोकतंत्र केलिए सामाजिकता एवं नैतिकता का बहुत बड़ा स्थान है। लोकतंत्र का आधार है : स्वतंत्रता, समानता, भ्रातृत्व, तर्क, मानवीय व्यवहार, विधि का शासन, प्राकृतिक अधिकार और सामाजिक परिप्रेक्ष्य में वैयक्तिक स्वतंत्रता का महत्त्व। वे यह भी कहते थे कि व्यक्ति केलिए अधिकार जन्मजात और वंशानुगत वरदान हैं।

अपने जीवन में उन्होंने देखा एक सवर्ण हमेशा सवर्ण रहता है, अछूत हमेशा अछूत। वे ऊँचे रहते हैं, जो ऊँचे पैदा होते हैं। वे नीचे रहते हैं, जो नीचे पैदा होते हैं। यह व्यवस्था अपरिवर्तनीय है। इसलिए व्यक्ति की योग्यता निरर्थक है।... गरीब होना बुरा है, पर उतना बुरा नहीं, जितना कि अछूत होना। ... ऐसे परिवेश में होश संभालने के साथ ही एक आग सुलगने लगती है, जो धीरे-धीरे तेज होती जाती है। आम्बेडकर इस आग को बुझने नहीं देते और न उसके ताप को मंद या कुंद होने देते हैं; और न ही उसे बिखरने देते हैं। वे जतन से उसे संभालते हैं तथा एक निश्चित उद्देश्य के साथ जोड़ देते हैं। यही कारण है कि यह आग रोशनी बन जाती है। जीवन के संघर्षों से जन्मी आग से फैलने वाला यह प्रकाश ऐसा है, जिसमें युगों-युगों से दबे-कुचले लोग, अंधेरे में जीवन-यापन करते लोग अपना रास्ता देखते हैं। यह आग, और इस आग से रूपान्तरित रोशनी दलितों के लिए ही नहीं, अपितु समूची मानवता के लिए एक चमत्कारिक प्रेरणा है। वे सचमुच 'परित्राता बुद्ध' थे। एक 'बोधिसत्व'।

मेरा उद्देश्य है मानव-अधिकारों को प्राप्त करने की दिशा में अपने युग के इस अभिशप्त; किन्तु 'समशील' नायक की संघर्ष-यात्रा और उसके चिन्तन-आलोक के वातायन को खोलना। यह वातायन हम सब के भीतर खुले। इस तरह यह काव्य मेरे लिए एक वैचारिक गवेषणा भी है, आनुभूतिक यात्रा भी। चाहता हूँ कि आप भी इस वैचारिक गवेषणा तथा आनुभूतिक यात्रा में सहभागी बनें और मानव-अधिकार-चिन्तन के इस कारवाँ को आगे बढ़ायें।

'सर्वे भवन्तु सुखिन: सर्वे संतु निरामया:' के आदर्श का स्मरण करते हुए, 'मुक्ति-दूत' डॉ॰ आम्बेडकर को शत्-शत् प्रणाम!

- हरिमोहन

|| चार दिशाएँ ||

जो कुछ मैं कर पाया हूँ, वह जीवन-भर मुसीबतें सहन कर के विरोधियों से टक्कर लेने के बाद ही कर पाया हूँ। जिस कारवाँ को आप यहाँ देख रहे हैं, उसे मैं अनेक कठिनाइयों से यहाँ ले आ पाया हूँ। अनेक अवरोध, जो इसके मार्ग में आ सकते हैं, के बावजूद इस कारवाँ को बढ़ते रहना है। अगर मेरे अनुयायी इसे आगे ले जाने में असमर्थ रहे तो उन्हें इसे यहीं पर छोड़ देना चाहिए, जहाँ पर यह अब है। पर किन्हीं भी परिस्थितियों में इसे पीछे नहीं हटने देना है। मेरी जनता के लिए मेरा यही सन्देश है।

– डॉ० भीमराव अम्बेडकर

॥ मंगलाचरण ॥

हे मुक्ति-दूत!
हे क्रान्ति-दूत!
तुम दलित वर्ग के उन्नायक,
तुम मानव अधिकारों के पोषक -
तुम 'सर्वे भवंतु सुखिनः' के गायक।
हे संघर्षशील, हे जन-नायक!
तुम मानवता के ज्योतिधाम।
तुमको प्रणाम्, शत-शत् प्रणाम्!

हे अग्निदूत!
हे तपःपूत!
तुम बोधिसत्व, तुम बुद्धिमान,
तुम 'परित्राता बुद्ध' बन कर आए,
तुम अभिशप्त जनों के स्वाभिमान।
हे न्यायमूर्ति - हे ज्योति-दूत!
तुम अदिति-भाव के दिव्यधाम।
तुम को प्रणाम्, शत्-शत् प्रणाम्।
शत्-शत् प्रणाम्!!
शत्-शत् प्रणाम्!!

‘मुक्ति–दूत’

भारतरत्न बाबा साहब डॉक्टर भीमराव आम्बेडकर

(14 अप्रैल, सन् 1891 – 6 दिसम्बर, 1956)

|| दिशा - एक ||

समता

हमें सब तरफ समता स्थापित करनी है। मैं प्रजातंत्रवादी हूँ, मगर एक समाज दूसरे समाज पर जुल्म ढाये, इसका मैं कट्टर विरोधी हूँ।

– डॉ० भीमराव आम्बेडकर

समता है आधार
मनुज के जीवन का,
और विषमता
विष है।
मानवीय गरिमा,
समाज की
गति-प्रगति का;
समता -
सच्चा एक निकष है।

'जन्म से ही सब स्वतंत्र,
समान हमारे
गरिमा और अधिकार;
है सभी में शक्ति विचार की,
अंतश्चेतना का सहज विस्तार।'

मानव-अधिकार का
प्रथम यह सूत्र
कितना सरल!
सुनने में है शुभ -
आदर्श वाक्य स्वर्णिम!!

किन्तु देखकर
असमानता, अत्याचार,
सभ्यता के विरोधी आचार,
मानवता-विरोधी व्यवहार;
प्रश्न उठता चिन्ता की नीली रेख-सा :
'हम मनुज सब
बने एक ही मिट्टी से,
फिर क्यों हुए -
कुछ श्रेष्ठ और शासक;
शेष सब अस्पृश्य; शोषित??

जबकि - वे ही हैं निज कर्म से
समाज का आधार।'

अधिकार यह सबका
करे वह माँग
मानवोचित व्यवहार की
साथ अपने,
औरों की तरह ही
कर सके साकार-
अपने श्रेष्ठ सपने।

क्या जन्म ही
अभिशाप या वरदान?

पहेली यह जटिल;
किन्तु इतनी है नहीं,
जितनी बन गई मुश्किल।

बात सीधी-सी समझलें सब,
'मानव एक जटिल प्राणी उत्कृष्ट -
परिणाम
शारीरिक-रासायनिक प्रक्रिया का
सुखद।
बुद्धि उसकी क्रिया शरीर-विज्ञान की;
मस्तिष्क एक यंत्र विचार का,
और
विचार है कृत्य -
मस्तिष्क का।'
हम सभी में बुद्धि का यह तत्त्व।

फिर रहे क्यों वर्ग कोई एक
पद-दलित -
अछूत या पिछड़ा?
मिले अधिकार सबको
एक जैसा,
एक-सा जीवन,
अवसर साथ रहने का।

नहीं जन्मता कोई फरिश्ता,
या कि दैवी गुण लिए - महामानव;
जन्म लेते सभी साधारण।।
हाँ, हमारे यत्न, पुरुषार्थ;
हमारे शुभ कर्म ही बनते,
साधन हमारी गति के -
प्रगति के।

समानता क्या है? --
यही कि मिले अवसर
सभी को समान;
मिले सभी की प्रतिभा को
विकास के एक-से साधन,
और प्रोत्साहन।

अफसोस
भारतीय समाज में-
असमानता के, हैं कई स्तर।
कुफल जिनका यह-
रक्षित कुछ केलिए आरोह;
शेष केलिए
पीढ़ी-दर-पीढ़ी
रहता बचा अवरोह।

बाधा 'वर्ण' की
सबसे बड़ी;
फौलाद की दीवार-सी,
न जाने कितने युगों से
आज तक यह खड़ी।

'वर्ण' - भारी भूल,
जिसकी 'व्यवस्था'
है सभी
असमानता की मूल।

करनी होगी हमें रचना
हिन्दू-समाज की फिर से।
इसके लिए
हैं मात्र दो
वरेण्य सच्चे तत्त्व -
'समता' और
'जातिविहीन समाज';
है यही बस
प्रगति का
शुभ सत्त्व।

जाति फैलाती घृणा
जाति ही जड़
असमानता की।
जाति की ही भावना से,
अर्थ के विकास का
मार्ग है अवरुद्ध;
बन जाती परिस्थितियाँ विकट,
कृषि-व्यापार-उद्योग के हर क्षेत्र में -
हमारे सभी के
सद्प्रयासों के विरुद्ध।

जाति ही कारण घृणा का,
विद्रोह का;
विद्वेष का, संघर्ष का-
और सारे द्रोह का।

तो सबसे पहले
तोड़ो इस कारा को,
मोड़ो समतल पर
विकास की
समतामूलक -
प्राणमयी धारा को।

हर पुरानी बात
सोने की सानी नहीं होती;
फकीर तुम लकीर के मत बनो,
ज़िन्दगी ऐसे सुहानी नहीं होती।

माना कि हमने प्राप्त करली
किसी भी तरह से
राजनीति की समानता;
किन्तु सामाजिक-आर्थिक ज़िन्दगी में
फैली हुई है, वही जड़ असमानता।
तब व्यर्थ होगा सब
हमारा यह भगीरथ यत्न,
जब तलक होगा नहीं -
विरोधाभास सारा खत्म।
असमानता से पीड़ित हमारे बन्धु
होते रहे यदि
ऐसे ही कुपित या त्रस्त,
एक दिन वे ही करेंगे -
लोकतंत्र का यह
सुन्दर भवन सब धवस्त।

पृथ्वी के समतल पर ही बहती -
सुललित भागीरथी समता की;
लहराती है फसल धरा पर -
मानवता, बंधुत्व और
ममता की।

आचरण में लायें
सभी यह भावना -
'सामाजिक समानता
के पत्थर से ही
हो पाती -
सुदृढ़ समाज की
संस्थापना।'

00

अभिशप्त नायक
श्री आम्बेडकर के
विचारों का यह नवनीत
कठिन संघर्षों के बाद निकला।
सहा जिसने अन्याय-अत्याचार बचपन से,
गूँजा विषपायी वह कण्ठ, सम-साज बन कर;
शोषितों- अस्पृश्य दलितों के-
हृदय की आवाज बन कर।

क्या करे बचपन?

एक बचपन
भटकता
पीड़ा की चक्करदार गलियों;
औ' अभावों के गाँव में।
विषमता की धूप तीखी,
पाँव नंगे,
घृणा–उपेक्षा–उपहास;–
कैसे सहे, कैसे बचे इनसे?
चले–बैठे क्षणिक किस छांव में!?

वह खूब रोया!
क्या करे, कैसे सहे?
हैं कठिन–
तन पर नहीं– मन पर हुए
आघात प्रतिदिन।

की याचना बैलगाड़ीवान से :
"दादा! हम चुकादेंगे, जो कहोगे मूल्य,
बिठालो, दूर **'कोरेगाँव'** जाना है हमें भी।"

न सुनी वह मासूम-सुकोमल याचना।

"तुम महार, तुम अछूत;
न-न, नहीं;
हो जाएगी अपवित्र
मेरी बैलगाड़ी!!"-
कह कर, दिया दुत्कार,
दुष्ट गाड़ीवान ने।

शाम घिरने को हुई
दूर घर
अब क्या करें?
सहम गया बचपन।
डरते-सहमते पूछ बैठा प्रश्न :
"दादा, आदमी तुम, आदमी हम;
हमारे बैठने से बैलगाड़ी
क्यों भला अपवित्र?"

"कहो
दादा...?"
'चुप!!'-
चाबुक-सा यह शब्द
गिरा नंगी पीठ पर जैसे।

अंगारे बरसते
बैलगाड़ीवान की क्रूर आँखों से।
लगा ऐसा कि
ये आँखें
आदमी की नहीं,
मरखने बैल की हैं।

(यही होता है;
जब हम दे नहीं पाते
सामने खड़े सच का
सही उत्तर,
कमजोर पर बरसा देते
अपनी समूची घृणा,
या कि अपनी क्रूरता।
अपनी हीनता को,
मूर्खता या अज्ञानता को;
ऐसे ही –
छिपा लेते!)

भय समाया
निष्कलुष
आँखों में।

परछाइयाँ–दर–परछाइयाँ
भय की – घृणा की – क्रूरता
औ' निरीहता की।

सहसा सूझा तर्क अंतिम :
"दादा, हम तुम्हें देंगे
किराया दो गुना।
ले चलो हमको!" –
....
क्षण-भर मौन बालक।
....
विचारता गाड़ीवान।

प्रकट अनिच्छा,
किन्तु –
लालचलिप्त; –
"चलो!"
हुआ सहमत!!

अब बढ़ चली गाड़ी,
गाड़ीवान पैदल!
साथ भला बैठे किस तरह!!
वाह रे मानव!
इतनी उपेक्षा –
मनुष्य के प्रति
मनुष्य की!!
धूप में गरमी अभी थी शेष।
चाल धीमी बैलगाड़ी की।
प्यास से सूखे गले।

क्या करे बचपन!

मौन भीम ने देखा, आनन्द को ः
मूक एक प्रश्न,
बन कर हूक उभरा
भीम की लाचार आँखों में ः
"भैया!
क्या यही हमारी नियति?"
असह्य थी घृणा की आग,
लगी भीतर,
शिराओं में बहा लावा।
पर, क्या करे बचपन!
लाचार बचपन!!

डरते-सहमते, पूछा ः
"दादा, कहीं
मिल सकेगा जल?"
"तुम हो महार,
ऐसा करो-
वह सामने गड्ढा।
चुपचाप पी लो अंजुरी से पानी;
कुएँ से जल नहीं कोई तुम्हें देगा।"

प्यासा क्या करे बचपन?

दूषित पानी - कीचड़-भरा
आकाश भी जिसमें झांकने से काँपता।
दो बाल अरुण बेबस देखते
अपने आपको उसमें।

अंधेरी रात।
लौटा निज भ्रात संग
दूर स्टेशन से अपने घर।
भीम वह थका-माँदा,
सोया नहीं।
पिता ने सब कुछ सुना,
पिता प्रकट में रोया नहीं।
जानता था
यह सहज है,
उम्रभर उसने भी
है यही जीया।
बस -
लहू का घूंट पीया।

OO

"चल कबीरा,
तेरा भवसागर का डेरा..."
......
गीत-स्वर यह माँ का,
अकेले में रह-रह गूंजता था।
"माँ!" -
पुकारता माँ को,
चली गई जो दूर दुनिया से;
वह मातृहीन बालक,
पुकारता माँ को।

क्या करूँ? कोई नहीं उपाय,
हाथ में क्या?
भाग्य-रेखायें कभी देखी नहीं,
क्या देखना!
बस उम्र-भर यह विष मुझे पीना।

स्कूल में जाओ, अलग बैठो।
सब पढ़ें, पढ़ कर सुनायें;
बस मुझे वर्जित।
किताबें, किताबों में छपे अक्षर
हो उठेंगे भ्रष्ट-
ग़र मैंने सुना दिए पढ़ कर!!

सवर्णों के साथ वर्जित खेलना
सब खेलते, मैं खड़ा बस देखता।
पानी पीने की मनाही - स्वयं ले कर।
कोई पिलाए, तो पिलाए-
बुझे तब प्यास;
नहीं तो रहूँ प्यासा,
घंटे-चार घंटे - दिनभर या
कि ज़िन्दगी-भर!

ज़िद की लहर
हर बार आती-
चीख कर पढ़ूँ कविता
रोके कौन; देखूँ।

कभी -

महात्मा फुले का

पिता ने बताया था एक मंत्र ः

"ज्ञान के अभाव में गई मति,

मति के अभाव में नीति गई।

नीति के अभाव में गई गति,

गति के अभाव में सम्पति गई।

सम्पति के अभाव में

बरबाद हो गए शूद्र!

केवल ज्ञान के अभाव में-

हो गया इतना अनर्थ।"

हृदय में पैठ गया

अर्थ इस मंत्र का।

'यह मंत्र मेरी प्रेरणा है।

यही करेगा उद्धार मेरा बस।

मैं पढ़ूंगा। खूब।

मन लगा कर।

रोके कौन, देखूँ?!'

और वह बचपन

न देखता आंधी - न बरखा -

धूप या पानी।

बस यही संकल्प - पढ़ना है,

बढ़ना है बहुत आगे।

घिरे बादल।
धारासार वर्षा
झमझमाझम बरसता पानी।
अडिग था भविष्य का नायक
वह संकल्प का साधक-
भीम।

'- हो कितनी ही कठिन मेरी राह,
जाना मुझे स्कूल।-'
चल पड़ा वह भीम,
वर्षा में नहाता-भीगता।

कहा साथी ने -
"चलो, इस दीवार से सट कर खड़े हो लें
शायद थम जाय कुछ पानी।
किताबें-कापियां गल जायेंगी,
तब क्या करेंगे हम?"
बात साथी की सही थी, जँच गई।
रुक गया वह
दो मंजिले भवन की
खूब ऊँची दीवार से सट कर।
लेकिन यह क्या हुआ,
'क्या हुआ अपराध मुझसे?';
सोच पाता वह; कि -
तब तक क्रोध में जलती आँखें लिए
आगई मालकिन घर की।

"मूढ़ तूने कर दी अपवित्र
मेरे घर की यह दीवार;
जा कहीं और जा कर मर!"-
बड़बड़ाती अपशब्द,
देती गालियां वह तेज औरत,
धो रही थी
वर्षा में भीगती उस दीवार को!

वाह! री, मनुज की श्रेष्ठता,
वाह! तेरी बुद्धि!!

मनुज के स्पर्श से
दीवार भी अपवित्र !
कैसी मूढ़ता!!

'दीवार यह बन कर खड़ी है
आदमी औ' आदमी के बीच,
एक दिन गिराना ही होगा मुझे
इस दीवार को।'
यह संकल्प भी खुद गया,
बीजाक्षरों-सा भीम के मन में।

भीगता औ' भागता, वह भीम
आ गया स्कूल। तर-बतर।
हवा से काँपता थर-थर।
"भीमा, सुन, इधर तो आ!"-
अचानक सुना गुरु **पेंडसे** का स्वर।

चुपचाप वह उदास।
खड़ा था अब, गुरु के पास।

तब स्नेह से भर कर कहा गुरु ने :
"तू सच्चा विद्यार्थी,
तेरी लगन अनुपम,
एक लौ है तुझमें। जो दीखती –
अधिकांश विद्यार्थियों में
बहुत कम।"

गुरु दूसरे भी मिले
ब्राह्मण **श्री आम्बेडकर।**
कहा उन्होंने सस्नेह :
"तू निश्चिन्त होकर पढ़,
बढ़ – बहुत आगे।
रोटी मैं दूँगा तुझे।
संघर्ष कर, मैं हूँ साथ तेरे।"

छू गए मन-प्राण को गुरु के शब्द।

तप्त रेगिस्तान में
ज्यों बह चला निर्झर।
कृतज्ञता से भर उठा बचपन।

नम हो गईं कोर आँखों की।
मनुजता का यह रूप –
पहली बार देखा भीम ने।

और एक दिन
अम्बावडे गाँव में जन्मा
भीमराव सकपाल
बन गया *'आम्बेडकर'*
देवता-सम गुरु के
नाम के अनुरूप।

गुरु की थी यही इच्छा।

गुरु के प्रति प्रथम श्रद्धा,
बालमन में बस गई।
दिख गई एक राह
जो कठिन थी,
पर एक लक्ष्य था मन में -
दूर जैसे
ध्रुवतारा चमकता
बुलाता भीम को!
'पढ़ना -
बढ़ना आगे,
बहुत आगे;
और लड़ना-
शोषण से-अभावों से-
असमानता से,
क्रूरता से,
जातीय अभिमान से।'

रुक गया लड़कपन,
ठहर गई शरारतें और हठ।
अपमान की, तिरस्कार की
महाज्वाला में झुलसता,
तपता रहा बचपन;
    यों, बढ़ता रहा बचपन।

मन के
गहन तल में
बीज
जिज्ञासा का जमा।

आक्रोश
की थी आग।
इस आग को
कुछ दिन
रखना होगा
दबा कर!

|| दिशा - दो ||

स्वतंत्रता

राजनीतिक स्वाधीनता का मूल आधार सामाजिक स्वाधीनता होती है। सामाजिक स्वाधीनता के भी - स्वतंत्रता, समानता और भ्रातृत्व - जीवन के तीन आधारभूत सिद्धान्त होते हैं, जोकि त्रिमूर्ति की भाँति कभी एक-दूसरे से पृथक् नहीं किए जा सकते। जैसे बिना समानता के स्वतंत्रता में कुछ लोग अधिक लोगों पर अपनी श्रेष्ठता थोपने का प्रयत्न करेंगे। स्वतंत्रता की अनुपस्थिति में समानता तो जीवन के प्रारम्भिक व मूल उद्देश्य को ही समाप्त कर देती है। बिना भ्रातृत्व भाव के स्वतंत्रता और समानता जीवन के प्राकृतिक आनन्द पर ही अंकुश लगा देती है।

- डॉ० भीमराव आम्बेडकर

स्वतंत्रता एक पावन अधिकार।
जन्म से ही व्यक्ति परम स्वतंत्र,
किन्तु ज्यो-ज्यों वह बढ़ता;
देखता संघर्ष, दमन -
पीड़ का विविध संसार।

मानव-अधिकारों का सूत्र यह पावन-
'हर किसी को जीने की स्वतंत्रता -
व्यक्तिगत सुरक्षा का मिला अधिकार।
मानव का मानव से हो भ्रातृवत् सम्बंध;
न कोई रहेगा किसी का गुलाम,
बेगारी प्रथा पर भी रहे प्रतिबंध।'

'आत्म-निर्णय का अधिकार सब को।
स्वयं हर कोई कर सकेगा तयं
राजनीतिक हैसियत अपनी;
साथ ही -
निज आर्थिक-सामाजिक-सांस्कृतिक उन्नति।'

'बलात् या अनिवार्य श्रम वर्जित।'

स्वतंत्रता एक स्वर्णिम प्रकाश है,
व्यक्ति के अंतःकरण का;
प्रश्न यह
हर व्यक्ति के
जीवन–मरण का।

स्वतंत्रता के पक्ष कितने ही,
किन्तु सर्वोपरि –
स्वतंत्रता अभिव्यक्ति की।

कहा है किसी मनीषी ने
कितना सही :
'किसी भी देश केलिए
बोलने की आज़ादी
के अभाव से बढ़ कर,
कोई और विपदा होती नहीं।'

सत्य है –
आपकी आवाज़ ही यदि
आपकी नही; समझलो
सृष्टि की कोई चीज़ –
अपनी है नहीं!

प्रतिबंध वाणी पर लगे क्यों?
सच कहें हम हर समय,
कर सकें अभिव्यक्त अपना मत,
हो सकें निर्भय।

सब की सुनें, अपनी कहें,
ग्रहण हम करें नूतन सूचनाएँ;
व्यक्त कर दें
बिना किसी भय के
अपनीभावनाएँ।

कहा महामानव श्री आम्बेडकर ने
अनुभूत विलक्षण तथ्य यह ः
"दी मुझे
सब स्वतंत्रताओं से ऊपर
मुक्त भाव से अपनी इच्छानुसार
सोचने, बोलने और –
तर्क करने की स्वतंत्रता।"

दूसरा पक्ष
स्वतंत्रा का –
धर्म–पालन।

विचार, अंतश्चेतना या धर्म
है मनुज का व्यक्तिगत;
और यह है आस्था का प्रश्न।
अपना सके हर व्यक्ति अपना धर्म,
अधिकार उसको–
चुने, बदले, विश्व का कोई धर्म –
या कि वह चाहे
तो रहे नि:धर्म।

व्यक्त वह कर सके निज आस्था
एकांत में या सामने सब के,
अकेले या कि अपने सधर्मियों के साथ।
पा सके या
दे सके वह धर्म की शिक्षा,
कर सके पालन प्रथा का,
कर सके पूजा
या कि वह दे सके
या ले सके
दीक्षा।

धर्म मनुज की है ज़रूरत, ठीक है;
किन्तु उस धर्म से कोई क्यों जुड़े -
जो कि मन को ना रुचे,
ना ले सके हमें विश्वास में;
और जो बाधक बने विकास में।

धर्म ऐसा सर्वथा
त्याज्य है;
जिसके कि कारण
समाज एक -
विभाज्य है।

सच यही निश्चित -
धर्म वह; जो सिखाए पाठ हमको-
समता - बंधुत्व और स्वाधीनता के साथ जीना,
धर्म ऐसा ही हमें बस चाहिए।

यह भी कहा था उसी महामानव ने कभी–
"धर्म है अफीम' – मान्यता यह नहीं समुचित।
आज हम जो भी हैं, हैं धर्म के कारण।
धर्म में निज आस्था–विश्वास के कारण।
किन्तु रखें ध्यान में यह बात –
पाखण्ड में बिल्कुल नहीं;
करें – हम सच्चे धर्म में विश्वास।''

''लोकतंत्र की उदार परम्परा
है निश्चय ही धर्म–निरपेक्षता।
ठीक है, यह तत्त्व, लेकिन
अर्थ इसका है नहीं यह –
हम भुला दें किसी जन की भावना को।
न ही किसी सरकार का यह साध्य;
करे वह किसी धर्म विशेष को
स्वीकार करने– किसी को बाध्य।
सरकार को तो चाहिए यह –
दे स्वतंत्रता नागरिकों को अंतःकरण की,
कर सकें पालन वे अपने धर्म का।
कर सकें प्रचार नियमों में बँधे रह कर
या कर सकें वे निज धर्म–परिवर्तन।''
साथ ही यह बात भी हम मानलें
घेरे से बाहर होगा निकलना
धर्म, जाति, वंश और सम्प्रदाय के।
जब मुक्त हम हो जायेंगे इनसे,
तरसेगा नहीं कोई –
आवास, भोजन, वस्त्र और सम्पति के लिए।

तीसरा पक्ष भी हम जानलें –
आर्थिक स्वतंत्रता कहते जिसे।

'अधिकार यह
हर एक को
वह अकेले या कि
साथ अन्यों के
रख सके निजी सम्पत्ति;
किया जा सकता नहीं इससे
मनमाने तरीके से
उसे वंचित।'

'काम करने केलिए
हम हैं स्वतंत्र,
स्वतंत्र हम
मनपसन्द रोजगार केलिए।
बिना किसी भेदभाव के
एक जैसा काम करना
अधिकार है सब का।
जैसे काम का अधिकार
या कि श्रम का,
ठीक पारिश्रमिक मिले
अधिकार यह भी सभी का।
मानवीय गरिमा के साथ
जीवन–यापन कर सके परिवार,
हो नहीं कोई श्रमिक
बेकार या लाचार।'

ठीक है यह कि –
गरीबी व्यक्ति की
दोषी नहीं
        स्वतंत्रता के लिए;
किन्तु
आर्थिक संरक्षण के बिना
मूल अधिकारों का नहीं कुछ अर्थ।

औद्योगिक कलह कैसे टले? –
बातें तीन आवश्यक –
समुचित संगठन हो,
कानूनों में हों आवश्यक सुधार
और अन्तिम बात यह –
श्रमिकों केलिए हो तय
न्यूनतम वेतन।
        औद्योगिक शान्ति
        सत्ता के बल पर नहीं
        हो आधारित न्याय पर।
        मालिक और मजदूर समझें अपने कर्त्तव्य
        हो शुभ भावना भी परस्पर।

वेतन पर जब हो विचार
ध्यान में रहे –
कार्य–क्षमता,
सामाजिक प्रतिष्ठा
प्रजातंत्र और
शासन के प्रति सत्यनिष्ठा।

उचित वेतन के बिना
न सम्भव कोई भी सुधार,
कर्त्व्य मालिक का कि देखे
श्रमिक का जीवन-स्तर
बार - बार।

चौथा पक्ष भी है स्वतंत्रता का -
जिसे ***राजनीतिक पक्ष*** कहा जाएगा।
विचारणीय है यह जरूरी पक्ष
आज इसशक्ति को पाना सभी का लक्ष्य।

अधिकार यह सब का
स्वतंत्रतापूर्वक चुने गए
प्रतिनिधियों के जरिए
अपने देश की
सरकार में ले सकें हिस्सा।

सरकार की शक्ति का आधार जन-इच्छा।
इच्छा यह व्यक्त होती -
गोपनीय-स्वतंत्र-ईमानदार चुनावों में।
याद यह रहे -
प्रजातंत्र नहीं
केवल राजशाही खत्म करने केलिए;
है वह जनता के कल्याण के हित।

प्रगति सामाजिक सम्भव -
राजनीतिक शक्ति से।

सोचना होगा सभी को
समाप्त हो न जाएँ
सिद्धान्त प्रजातंत्र के।
एक ही राजनीतिक दल हितकारी नहीं होता
एकाधिक न हों दल जब तलक
बुद्धि का विकास भी सम्भव नहीं।

राजनीतिक स्वाधीनता का
मूल आधार है - सामाजिक स्वाधीनता।
सामाजिक स्वाधीनता के भी हैं
सिद्धान्त वही तीन -
स्वतंत्रता - समता और भ्रातृत्व-जीवन।
त्रिमूर्ति-सम ये हो नहीं सकते अलग।
00
स्वतंत्रता बनी रहे, इस केलिए
हमें जुटना होगा लगन से,
खून की अन्तिम बूँद तक।
'स्वतंत्रता' - यानी,
राजनीतिक दृष्टि से स्वतंत्र मतदार संघ,
'स्वतंत्रता' - यानी, स्वतंत्र सुविधाएँ ।

याद रखें हम -
सुधरता रहन-सहन का स्तर
राजनीतिक सत्ता हाथ आने पर।

केवल परिधान का ढंग सुधर जाए,
या बदल जाए वेशभूषा;
नहीं होगा इससे कुछ भी भला।
राजनीतिक शक्ति हाथ में
आजाएगी जब,
आजाएगी जीने की हर कला।

मन्दिर में प्रवेश
मात्र एक सीढ़ी
अस्पृश्यता-निवारण की।
किन्तु
किसी मन्दिर में
प्रवेश से ही
उद्धार सम्भव
है नहीं अपना।
राजनीतिक अधिकारों
का उपयोग
जब तक नहीं कर सकेंगे हम,
जीवन की सुख-सुविधाओं का –
हो सकेगा नहीं पूरा
एक भी सपना।

जो समाज होगा चौकन्ना,
सतर्क-सुशिक्षित-स्वाभिमानी,
सामर्थ्य उसका ही बढ़ेगा,
पुरानी यह बात पहचानी।

पाँचवाँ -
अन्तिम पक्ष स्वतंत्रता का
सामाजिक-सांस्कृतिक;
मानवशरीर के पंचम तत्त्व जैसा।
शिक्षा भी इससे जुड़ी; जिससे -
बनता समाज स्वर्गिक।

मानव-अधिकार का यह पावन विधान -
'हर एक को अधिकार शिक्षा का।
अनिवार्य बुनियादी शिक्षा और
तकनीकी, व्यावसायिक, उच्च शिक्षा -
व्यक्ति की योग्यता के अनुरूप;
किन्तु सबके लिए हैं समान अवसर।'

लक्ष्य शिक्षा का मानव-व्यक्तित्व का पूर्ण विकास।
शिक्षा देती - मजबूती मानवाधिकारों
और स्वतंत्रता के सम्मान को,
सभी देशों में - सभी नस्लों और धार्मिक समूहों के बीच
समझ, सहिष्णुता और मैत्री को बढ़ावा;
और यों शान्ति होती विश्वभर में।

आत्मसम्मान,
एक छोटा; किन्तु गरिमा-भरा
शब्द स्वर्णिम।
मनुष्यता की चरम उपलब्धि,
गुण यह, मानवीय अनुपम।

कहा आम्बेडकर ने, सुनो!
"आत्मसम्मान के बिना जीना
लज्जाजनक है;
आदमी है शून्य इसके बिना,
धिक्कार है जीवन,
बिना सम्मान के।
और आत्मसम्मान की सर्जना का
स्रोत है शिक्षा।"

"शिक्षा से मिले गुण
देते व्यक्ति को सम्मान,
ऐसे व्यक्ति का अपमान
या अवहेलना,
कर नहीं सकता
कोई समाज।"

"ज्ञान मानव-जीवन का आधार।
प्राप्त इसको करने केलिए
करना हमें चाहिए हर यत्न।"

"पूँजीपति नहीं हिचकते, युद्ध केलिए दे देते धन अपार,
कृपण वे; किन्तु श्रमिकों-निर्धनों की समस्याओं के
समाधान हित दे नहीं सकते पैसे चार।
काश! वे उस राशि को खर्च न करते किसी अहित में,
खर्च करते श्रमिकों-निर्धनों को शिक्षित करने या
उनके स्वास्थ्य-हित में।"

याद हम रखें –
किसी समाज की प्रगति का मूल्यांकन,
इस पर कि
शिक्षित कितना; उस समाज का जन?

शिक्षा और समाज से है जुड़ी – संस्कृति।
संस्कृति, एक उपलब्धि मानव की।
मानवाधिकारों की यह घोषणा :
'हर एक को मिली अधिकार–मान्यता –
सांस्कृतिक जीवन में ले सके हिस्सा।
– उठा सके लाभ वैज्ञानिक प्रगति वा प्रयोगों का।
– हो सके लाभान्वित, निज रचित
वैज्ञानिक–साहित्यिक या
कलात्मक;
नैतिक और भौतिक हितों के संरक्षण से।'

इसी से सम्भव मनुष्य का
समग्र विकास,
समता–स्वतंत्रता भ्रातृत्व–संस्कृति–समन्वित।
00

इसी आलोक में
खुलता वातायन
आम्बेडकर के जीवन
और विचारों का
मानव–विरोधी घटनाओं के बीच।

यह आग बुझ न पाए

"याद रख, अम्बे!
यह आग–
बुझ न पाए;
और वह बीज
जिज्ञासा का –
न जाए निरर्थक।"
– कहा था पिता ने।

भीम का संकल्प
पिता के स्वप्न से जुड़ कर
हो गया पक्का।

00
रात गहराती
भीम एकाकी
लैंप की पीली रोशनी में
खुली रहती कोई किताब,
या कापी।

अक्षरों के बीच से उठती
एक-एक घटना घृणा की,
जलती आग भीतर....
इसी में से कहीं
एक आवाज रह-रह उभरती,
माँ याद आजाती :

"अम्बे, याद रख
शब्द नहीं मरते कभी,
वे अमर हैं, अमर जैसे ब्रह्म...
शब्दों को
सम्हल कर,
तोल कर बोलो।
जो कर सको,
बस वह कहो।
सत्यनिष्ठा प्रथम संकल्प।
तुम बन सको, बनना सिद्धार्थ,
होगा तभी, तुम्हारा कोई अर्थ।"

सौन्दर्य की प्रतिमूर्ति माँ,
बाल घुंघराले, गहन, काले,
जगमगाती दिप-दिप
दीप-सी आँखें,
दमकता भाल और
गूँजता मधु कण्ठ,
गाती कबीर,
उड़ता जैसे दस दिशाओं में अबीर...
"चल कबीरा, तेरा भवसागर में डेरा..."

माँ की कही बातें रह-रह गूँज उठतीं,
मुस्कुरातीं चाँदनी रातें ः
"तू बनेगा महान्।
बनना होगा तुझे
दबे - कुचले - दलित
मूक जन का प्रखर स्वर।"

देर तक बात करती माँ।
खुली पुस्तक की घनी
पंक्तियों के बीच से
ध्यान सारा चला जाता
माँ के अमृत-स्पर्श
आशीष के अंचल-तले।
फिर अचानक
उमस गहराती
या कि बहती तेज हवा;
या झम-झम खूब बरसता बादल,
या फिर देता सुनाई
पिता का स्वर चौकन्ना;
लौट आता ध्यान-
"पढ़ो भीम!
सोचते हो; या कि पढ़ते?
देखता हूँ इन दिनों तुम
अधिक ही कुछ सोचते हो,
पता नहीं इस शून्य में
न जाने क्या -
खोजते हो!!

क्यों नहीं लगता
तुम्हारा मन पढ़ाई में?
जानता, माँ की याद
आती बहुत होगी,
लेकिन क्या बस यही,
यही बस लक्ष्य जीवन का तुम्हारा?
सुनो! अंबे,
न बांधो मन-प्राण को व्यतीत से,
यदि बंधो, तो क्या मिलेगा?
आग-पण चाताप-आँसू...
अंर असफलता।
क्या मिलेगा?
कहीं नहीं होगे तुम,
व्यर्थ जाएगा, तुम्हारा होना।
भूल जाओ, सिर्फ़ रोना,
सिर्फ़ रोना।
अपने होने को अर्थ दो।

संकोच मैं तुम्हारा जानता,
है नहीं पैसा हमारे पास,
यह बात मैं भी मानता।
लेकिन मैं करूंगा, हर सम्भव यत्न;
जुटाऊँगा किताबें, फ़ीस, कपड़े
या और भी; जो तुम कहोगे।
तुम्हीं हमारे धन,
हमारी कामना,
शुभ भावना।

तुम बढो आगे-
माँ का साया है तुम्हारे साथ,
पढ़ो तुम खूब।
यही सब की कामना।
शुभकामना।
शुभकामना।''

गूँज उठते पिता के,
संगीतमय ये शब्द;
शक्ति देते शब्द माँ के।
स्वप्न-जल से निकलता भीम,
आ जाता किनारे।
टूट जाता ध्यान,जुड़ती चली जातीं
आँखें किताबों से।

और यों भीम का मन
सत्य के पथ पर चला,
बढ़ता गया वह ज़िन्दगी की राह पर,
अध्ययन के पथ पर अकेला।

''यह पथ एकाकी पथ है
आजीवन चलते चलो इस मार्ग पर
अनन्त पथ यह,'' -
कहा करते पिता अक्सर।

कॉलेज में फिर वही असमानता का दंश।

लेकिन; पी चुका था वह गरल चुपचाप,
जो पढ़ूँगा, ज्ञान वह मेरा, निजी अनुभव;
इस ज्ञान के बल से ही ले सकूँगा प्रतिकार सब से।

00

खुल गए अंतश्चक्षु
आनन्द पढ़ने का अलग,
अब देखती आँखें
विश्व को और ज़िन्दगी को
        नई एक रोशनी में।
खुलने लगे
बन्द दरवाजे
उन रहस्यों के
        जो ज़िन्दगी को लपेटे थे
        अपनी अजगरी गिरफ्त में।

चिरप्रतीक्षित
ज्ञान का मन्दिर
नाम जिसका
एलिफिंस्टन हाईस्कूल,
प्रवेश-द्वार से
आते-जाते तरुण
निश्चिन्त और मस्त;
हँसते-खिलखिलाते-
        जैसे सुख के गीत गाते।

'आम्बे' का
अब था यही स्कूल
तप-साधाना-विद्यार्जना के अनुकूल।
उत्साह से भर
भीम ने आवेदन किया,
'मन के अनुकूल लूँ विषय' -
निश्चय किया।

पर गहन संशय-
'क्या मिल सकेंगे वे विषय?'

"सोचता हूँ संस्कृत लूँ," -
कहा उसने,
जब उदास मना आम्बे से पूछा,
साथी जयंत ने।
"सुविचार है, अवश्य लो।
निज संस्कृत की पहचान है करनी,
तो आवश्यक है संस्कृत पढ़नी।
बंधु, मेरे पिता कहा करते -
पढ़ना है विज्ञान तो पोथी पढो नवीन,
पढ़ना है यदि शास्त्र तो पोथी पढ़ो प्राचीन!"

जयंत का समर्थित तर्क था अच्छा।
"पिता भी चाहते मेरे..."-
गहरी सांस-भर,
भीम ने इतना ही कहा।

संस्कृत के गुरु
यह कह रहे थे :
"ब्राह्मण हो तुम पढ़ो संस्कृत
संस्कृत देववाणी है,
तुम अवश्य लो,
संस्कृतविहीन ब्राह्मण; न-न-न-
व्यर्थ जीवन- भ्रष्ट जीवन..."-
समझा रहे एक द्विज को;
द्विज-छात्र,
जो चाहता था छोड़ना संस्कृत।
खड़ा एक ओर आम्बे
सुन रहा ये वचन सुन्दर!
रह-रह गूँजते
ये शब्द भीतर :
"ब्राह्मण हो तुम
पढ़ो संस्कृत...
संस्कृतविहीन ब्राह्मण...
न-न-न...
व्यर्थ जीवन-भ्रष्ट जीवन...।"

आग अब
नहीं उठती,
न कटुता,
न विद्रोह,
न दहन।
सिर्फ़ दुःख,
सिर्फ़ पीड़ा।

मन टूटता बस।
रुदन उठता,
हाहाकार के
चिरपरिचित,
गहनतम -
भंवर - जैसा।

"सर!" -
किया साहस।
देखा एक पल -
चन्दनचर्चित दिव्य ललाट,
गौरवर्ण मुख, ललित गाल,
धवल वसन, आभिजात्य ठाठ।
....
"सर, मैं संस्कृत लेना चाहता..." -
विनीत स्वर। नत ग्रीव। झुकी आँखें धरा पर।
आम्बे एकलव्य की मूर्ति बना
खड़ा हो जैसे - नव - द्रोण के आगे।
देखा ध्यान से, आपाद मस्तक।
व्यंग्य से मुस्कुराया चेहरा ललाम, कहा -
"किसने दी तुमको यह सलाह?
उस मौलवी ने??
जानता मैं।"
....
तनिक रुक कर
घृणा से भर, दुत्कार कर बोलाः

''तू शूद्र है। जानता ? – मैं ब्राह्मण।
कक्ष में मेरे तू घुस नहीं सकता।
कभी पुरखों ने भी पढ़ी है यह देवभाषा?
दुर्बुद्धि तू, चल दूर हट और यह जान ले–
जैसे शूद्र का प्रवेश वर्जित मन्दिरों में,
संस्कृत भी वर्जित पढ़ना उसे।
तू म्लेच्छ भाषा आंग्ल पढ़ या फ़ारसी।''

चाहा, कहे :
'हाँ, मैं जानता। मैं शूद्र हूँ।
मैं जानता मैं कौन हूँ।
मैं जानता यह भी कि –
आदिकवि वाल्मीकि ने पढ़ी थी देववाणी।
आदिकवि ने रची रामायणम्,
तुम द्विज ही नहीं; सारा विश्व पढ़ता जिसे अभिमान से।
वंशज मैं, उसी परिभू–स्वयंभू आदि कवि का।
ऋषि का।' –
चाह कर भी कह नहीं पाया।
अस्वीकार–सा चुपचाप, लौट आया।
एक और पराजय।
ध्वस्त एक और सपना।
सब कहते – संस्कृत भाषा
हिन्दुओं की है,
हिन्दुओं की विरासत
सुरक्षित संस्कृत में।
जड़ें अपनी संस्कृति की देववाणी में,
'तो क्या मैं नहीं हिन्दू?'

यह विकट प्रश्न, उठता हर बार मन में।
'हिन्दुओं के बीच, मैं क्यों नहीं हिन्दू?
वे भी हिन्दू -जो 'बड़े' हैं,
ब्राह्मण हैं, क्षत्रिय अथवा वणिक हैं,
मैं भी हिन्दू, जो दलित हूँ। शूद्र हूँ।
उनके लिए कीट-सम हूँ। पशु-तुल्य हूँ।
वे हैं स्वामी, मैं दास।
यह भेद क्यों?
क्यों इतनी विषमता,असमानता??'

हर बार आत्मा को चीर जाता यह प्रश्न।

'उत्तर खोजना इसका मुझे,
मिटाना भेद यह।' -
संकल्प दोहराता
तरुण आम्बेडकर।
　　मुट्ठियाँ भिंचतीं
　　प्रवाह बढ़ जाता
　　　　रक्त का।
　　मन नहीं लगता पढ़ाई में।
　　　　पुस्तकें लगतीं व्यर्थ।
आम्बेडकर पढ़ते पोथियाँ इतिहास की,
ढूँढ़ते इस प्रश्न का उत्तर-
कि आखिर हम शूद्र क्यों हैं?
किसने बनाया है हमें अस्पृश्य??
जाति की अवधारणा कैसे बनी???

प्रश्न यह
उतना ही बड़ा
जितना बड़ा था प्रश्न :
'मैं कौन हूँ?' - का
सनातन प्रश्न!

एक दिन सहसा
मित्र जयंत से,
प्रश्न पूछा यह
आम्बेडकर ने :
"क्यों हम चाहते स्वतंत्रता? और-
जानते हो क्या हमारी वास्तविक परतंत्रता?"
"सहज उत्तर", - कहा जयंत ने,
"क्योंकि हमें चाहिए आज़ादी।
आज़ादी का अर्थ -
मुक्ति नारकीय ज़िन्दगी से,
दासता से।"
और,*"परतंत्र किसने बनाया है हमें?"*
पूछा उसी सहजता से प्रश्न अपना,आम्बेडकर ने।
"परतंत्र हमको बनाया गोरे अंग्रेजों ने और किसने!"
दिया उत्तर कुछ-कुछ व्यंग्य से,
ऐसे कि जैसे कह रहा हो :
'बात इतनी सरल-सी
क्या तुमको नहीं मालूम!'

हुआ गंभीर, सत्यशोधक, कर्मपथ का दत्तचित्त पथिक,
बोला, जैसे स्वयं से ही कह रहा हो रहस्य यह :

"हमें भी मुक्ति चाहिए... इस दासत्व से,
चाहिए स्वतंत्रता हमें, हमारे समाज को-
बहुजन को -
अपने ही लोगों की कैद से मुक्ति।
देश जब आज़ाद होगा विदेशियों की गिरफ्त से,
तो क्या हम अछूतों को मिल जाएगी मुक्ति,
अपने ही देश के स्वामियों से?
दलित हम, क्या ले सकेंगे
खुली हवा में सांस?
होंगे क्या हमारे अधिकार भी समान?
आज हम दास हैं, दासों के भी।
शूद्र हम, दास सवर्णों के,
सवर्ण हैं दास ब्रितानिया सरकार के।"
... ...

फिर मौन।

धीरे-धीरे
गहरा-सा उच्छ्वास
हृदय के गहन तल से निकल-
प्रस्फुटित कुछ यूँ हुआ,
जैसे बादल-घिरी आँखों में
चमक उठी हो रेख विद्युत की -
'जिस विधि से आज़ाद होगा देश,
विदेशी शासन से;
उसी विधि हम लेंगे अपनी स्वतंत्रता,
अपने ही देश के प्रभुओं से।

आज़ादी यदि है
उनका जन्मसिद्ध अधिकार,
हमारा भी है।
हम भी हैं मनुष्य
उनके जैसे, उन्हीं के बीच के।'

सूत्र यह, एक बीज
जो गहरे पड़ा;
अंकुरित जिसे होना था,
बनना था सघन वट-वृक्ष
एक लालिमा थी
प्रकाश-पुंज की,
जिसे होना था उदित;
दमकना था बन कर सूर्य।
एक जल-स्रोत था
जिसे फूटना था, बहना था
बनना था समुद्र।

नयी दिशा

दिशा खुली
रोशनी ने चेतना बन –
जगाया बुद्धि को।
शिक्षा ने खोले द्वार
नव जीवन के।
शुरू हुआ
एक नया अध्याय
जीवन की किताब का।
अक्षरों में जिसके फूटने लगे –
फूल घटनाओं के –
स्वप्नों के;
दिव्य सितारों-से टिमटिमाते
दिशा का निर्देश देते।

आशाओं पर टिका था आकाश।

मुक्ति का पथ
जाता उसी ओर।

नव जीवन-पथ की शुरूआत,
था द्वार खड़ा एक नव-प्रभात।
धीरे-धीरे उठता तरुण,
किस दिशा में बढ़ चले अरुण?
यह निकट प्रश्न - था विकट प्रश्न!

महारों का कुलदीपक एक,
जो पिता सरीखा बहुत नेक।
उत्तीर्ण हुआ मैट्रिक, थी बड़ी बात;
साश्चर्य जागा सब का विवेक।
पूरा समाज था गर्वोन्नत,
था माथा सब का ही उन्नत।
तय किया - करेंगे आयोजन,
आएगा जाति का हर एक जन।

हुई सभा अछूतों की अद्‌भुत्,
जागे श्रद्‌धा के भाव सचमुच।
सम्मिलित अति हर्षित लेखक **कैलुस्कर,**
ब्राह्मण **कृष्णाजी-अर्जुन श्री कैलुस्कर!**
'गौतम बुद्‌ध का जीवन चरित्र' -
दी पुस्तक उपहार में श्रेयस्कर।
कहा उन्होंने अम्बे से :

"तय करो आम्बेडकर यह मन में
किस के लिए जिओगे, और कैसे?
वैसा ही पथ अपनाओ,
तुम यहीं पढ़ो, या बाहर जाओ।"

"क्या करूँ?.. कहूँ किससे पीड़ा?"
मन में संकल्प-विकल्प की क्रीड़ा!
'संघर्ष करूँगा आजीवन,
सम्मान दिलाऊँगा शूद्रों को -
जी सकें सभी अच्छा जीवन।'
मन का संकल्प बना निश्चय,
साथ पिता का स्नेह अक्षय।
भय केवल भय -
भूख-ग़रीबी; हीन जाति,
घृणा-उपेक्षा के दंश -
मनुज का मनुज से;
पग-पग पर भाँति-भाँति।

क्या होगा? - कैसे होगा?
इस अंध रूढ़ि का कायाकल्प?!

00

"क्यों खोए-खोए-से रहते,
ज्यों अपने से ही बातें करते?
कुछ है जो मुझसे छिपा रहे,
कुछ कहो, कैसे रहलेते बिना कहे?" :
पूछा सस्नेह गुरु कैलुस्कर ने।

क्या कहे भीम? - सिरफिरा प्रश्न,
मन उद्वेलित; ज्यों घिरा गगन।

"आओ, मेरे साथ।"
"जी, जो आज्ञा!"
('कहाँ'? – उठा प्रश्न;
पर नहीं कहा!)

... ...
सामने था
राजभवन-सा
भवन सुसज्जित
विशाल काय,
जो नहीं समाता
उसकी छोटी-छोटी आँखों में।
"आप मुझे कहाँ ले जा रहे गुरुवर?" –
ठिठक कर – झिझक कर पूछा आम्बेडकर ने।
उत्तर मिला : "तेरे भाग्य का निर्माण करने।"

धीरोदात्त, गौर वर्ण, उन्नत ललाट,
धवल परिधान में सज्जित,
विराजमान महापुरुष –
चित्तकर्षक जिनका ठाठ-बाट।
नतमस्तक करबद्ध खड़े गुरु कैलुस्कर,
जुड़ गए स्वत: आम्बेडकर के भी दो नन्हे कर।

"कौन है यह?" – सिंहासन से गूँजा प्रश्न।
"श्रीमंत! यह महार है। पढ़ता एलफिंस्टन में। स्नातक मेधावी।"
संयत हो, गुरु कैलुस्कर ने दिया उत्तर, बन गए कृष्ण।

दृष्टि श्रीमंत की टिक गई –
भीमराव के तेजस्वी ललाट पर,
दिपदिपाती निष्कलुष आँखों और
उनमें लहराते संकल्प – सागर पर।

"आपका शिष्य है यह?"
"जी हाँ, महाराजाधिराज।"
"क्या चाहते हैं आप?"
"परीक्षा।"
"कैसी परीक्षा?.. किसकी?.."
"भीम की... इस शिष्य की।"
"... ... ...?"
"याद है न श्रीमन्!
एक सभा के बीच
कहा था आपने,
आप करेंगे सहायता
किसी होनहार छात्र अछूत की?"
"ओह! यह बात है!!" –
कह मुस्कुराए।
पुनः देखा सामने खड़े अडिग उस भीम को :
स्वाभिमान संयुक्त तेजपुंज
निश्शंक–निर्भय सूर्य–जैसा दमकता
ज्यों सूर्यपुत्र साक्षात्।

परीक्षा–प्रश्न पूछा :
"'व्यक्ति ही समाज बनाते?' –
क्या बात यह ठीक है? – व्याख्या करो।"

प्रश्न था गूढ़। उत्तर अनिश्चित।
स्वयं गुरु कैलुस्कर हुए विचलित।

आम्बेडकर रुके। सोचा। उद्यत हुए।
हो विनत बोले :
"श्रीमन्, यह कथन सतही।
सही तो बात यह है कि
वर्गों के मेल से बनता समाज।
वर्ग; जिनके आधार अपने –
आर्थिक – सामाजिक – जातीय सब अलग।
और व्यक्ति?... व्यक्ति होता सदस्य समूह का।"
फिर ठहर कर कुछ यूँ कहा :
"हिन्दू समाज भी नहीं अपवाद इस नियम का।
हमें विनिश्चय यह करना पड़ेगा
प्रथम किस वर्ग ने निज को
स्थापित किया था जाति में?
'जाति'; संकल्पना निकटवर्त्ती 'वर्ग' की।
यों पृथक् हैं दोनों बाद में; किन्तु –
एक अवरुद्ध–सा वर्ग ही
जाति होता है।
जाति; जो थी अस्तित्व में
मनु के पूर्व भी,
नहीं संस्था यह बनाई द्विजों ने।"

"जाति–व्यवस्था क्या उचित है? – और
क्या परिष्कार कर इस व्यवस्था में,
रख सकेंगे हम नींव नव समाज की?" – प्रश्न एक और।

सहज - अविचलित
थे आम्बेडकर; कुछ मुस्कुराए ः
"जाति-व्यवस्था है पर्याय, शोषण-अत्याचार की।
जब तक रहेगा भेद- जाति, धर्म और लिंग का,
कुछ भी नहीं संभव; न समानता, व्यक्ति की निजता
अथवा स्वतंत्रता।"

"उत्तीर्ण तुम, मेरी परीक्षा में सफल।" -
थे प्रफुल्लित **महाराज गायकवाड़,**
चेहरे पर उनके संतोष, परम उत्साह।
देखा प्रफुल्लमना गुरु की ओर। कहा ः
"केलुस्कर! तुम्हारा शिष्य निस्संदेह मेधावी।
मिलेगी इसे, पच्चीस रुपए मासिक छात्रवृत्ति।"

भावविह्वल भीम।
बस आँसुओं का कोश उसके पास,
छलछला आया।
निःशब्द गुरु के साथ,
घर लौट आया।

00

कॉलेज में मिले ऐसे ही उदार
कुछ और शिक्षक।
मानवीय गरिमा के संरक्षक और पोषक।
वे हिन्दू नहीं; ईसाई थे, या पारसी;
मेधा से प्रभावित, मनुजता की मूर्ति -
बी० ईरानी और **मूलर** नाम जिनके,
विद्वान्, करुण, सहृदय और साहसी।

कहा करते **मूलर** :

"तुम में छिपी है महान् आत्मा आम्बेडकर,
होंगे स्थापित तुम्हारे संकल्प, विश्व में।
यह दया नहीं, न उपहास अकिंचनता का;
मेरा धर्म है, करूँ सहायता शिष्य की –
और करूँ आदर मनुजता का।
तुम भी निज जीवन में करना
पालन इस धर्म का।"

00

उत्तीर्ण बी०ए० हुए
आगे अब क्या करें?
पिता भी नहीं रहे।
भाई **आनन्द राव** अकेले
क्या-क्या करें??

और पढ़ना है अभी –
किन्तु हर मार्ग है अवरुद्ध।

यह भी प्रकृति का न्याय –
कितना ही अंधेरा हो सघन,
सहसा फूट पड़ती,
आशा की कोई किरन।

'कोलम्बिया जाना है' –
तार बड़ोदरा से महाराजा का मिला,
जुड़ गया –
अध्ययन का सिलसिला।

और यह सुयोग कुछ ऐसा घटा,
आम्बेडकर का जीवन ही बदल गया।
मिले प्रोफेसर **सेलिंगमन**
जिनसे प्रभावित, उनके प्राण-मन।

वहीं मिल गए **राय लाला लाजपत**;
देशप्रेमी, राष्ट्रवादी, अडिग; थे –
संस्थापक *'इंडियन होमरूल लीग ऑफ अमेरिका'* के।
किया प्रेरित
कुछ करो
मातृभूमि-हित।

एक दिन वार्त्तालाप में,
सुविचारित तर्क था आम्बेडकर का :
"लालाजी आप हैं सवर्ण हिन्दू; मैं महार।
आप कहते देश है गुलाम, हम सब गुलाम।
ठीक है यह; किन्तु सोचें आप –
हम लोग तो दोहरे गुलाम;
एक आप के, फिर अंग्रेजों के।
हम मुक्त हों प्रथम किससे?
आप से या अंग्रेज से??"
कहा लाजपतराय ने कुछ जोश में भर कर :
"जूझो! अंग्रेजों से जूझो!!
करो आज़ाद, अपनी मातृभू को।"
"फिर?" प्रश्न,
जस का तस टंगा था,
बेचैन आम्बेडकर का।

... .

कहा आगे कुछ व्यंग्य से :
"श्रीमन्, यहाँ अमेरिका में
है स्थिति कुछ भिन्न,
अछूत यहाँ ऐसे नहीं,
जैसे हम हैं -
कि जिनके स्पर्श से इंसान हो जाता अपवित्र,
तालाब गंदला या कलंकित, हवा दूषित;
पवित्र धर्मग्रंथ अशुद्ध या अपवित्र!!"
बोले लाजपतराय मात्र इतना :
"मानता हूँ बात, यह सच है।
किन्तु पहले देश हो जाए आज़ाद।
ये समस्या है घर की हमारी,
बाद में दूर करलेंगे इसे भी।"
00

विचार, चिन्ता, विषाद -
गहन हों कितने ही,
भविष्य का -
प्रसन्नता का, सुख का
पथ -
इन्हीं के बीच से जाता।

मस्तिष्क में रहता कहीं वह बिन्दु,
जिसका नाम कहलें 'ज़मीर' - या कि 'अंतरात्मा';
वही; हाँ, वही; करता निर्देश हमारे पथ का।
जो सुनते स्वर उसका, पाते मंज़िल वही।

जो हो जाते एकाकी,
वही सुन पाते निर्देश इस इन्द्रिय का।
आम्बेडकर थे अशिप्त, एकाकी;
सुनी थी स्पष्ट वाणी; उन्होंने अपने ज़मीर की।

और एक समय अपना निर्णय सुनाया सब को ः
''मित्रो! जिस उद्देश्य केलिए आप संघर्ष पथ पर बढ़ रहे,
एक सपना स्वतंत्रता का, आप मिल कर घड़ रहे;
मैं भी उसी पथ का हूँ पथिक; किन्तु सब से अलग हूँ,
मैं तैयार करता रात-दिन, एक नए संघर्ष-हित स्वयं को,
क्या पता मैं दौड़कर वह लक्ष्य पहले पा सकूँ!
संकल्प मेरा है अडिग, मैं खड़ा अविचल, अकेला,
ज्ञान मेरे लिए, सर्वोपरि बदलाव का साधन..।''

इस संकल्प के सबसे निकट, होती कभी - माँ।
इस संकल्प के सबसे निकट, होती कभी - पत्नी रमा।
इस संकल्प के सबसे निकट, होते कभी - पिता।
इस संकल्प के सबसे निकट, होते सभी बहुजन -
अपने समुदाय के!

अमेरिका ने दी दृष्टि
समता की;
दी हृदय को विशालता,
मिली सीख करुणा की।
मनुष्य की गरिमा प्रथम है -
पाठ यह सीखा, जाति - वर्ण - वर्ग
आभिजात्य या सामान्य; सब मिथ्या।

अफसोस शेष संसार है कहाँ!
इंग्लैण्ड में मिला अपमान, रुक्ष व्यवहार,
घृणा-तिरस्कार।
तुच्छ समझा, काला, पद- दलित,
गुलाम एक भारतीय।
अपने यहाँ भी न जाने दंश कितने मिले!
घृणा- उपहास- असमानता के सिलसिले!!
प्रश्न उठता - मेरा पढ़ना-लिखना, ज्ञान-तर्क-मेधा;
क्या सब व्यर्थ? व्यर्थ अब तक की सारी साधना??
अपराध क्या मेरा? - नहीं मैं जानता;
आज तक नाम से चिपका हुआ -
वह ः न किया जो पाप,
जन्म से ही मिला, जाति का अभिशाप।

खत्म होगी कब यह घृणा?
मिला गरल यह
आजीवन पीने के लिए;
किया दुःख ने अकेला,
अभिशप्त संघर्षमय
जीवन जीने के लिए।

चिन्ता-रेखा

ज़ोर स्वदेशी का था देश में
घूमते गुप्तचर सादा वेश में।
ब्रतानिया सरकार चिंतित -
विश्वयुद्ध के परिणाम से,
इधर क्रांतिकारी भी सक्रिय थे देश में।

अंग्रेजों का हो रहा
विरोध प्रख़र,
लौटे थे उसी समय
विदेश से श्री आम्बेडकर।
देखा सब कुछ वही, जो था पहले कभी,
हाँ, अछूतों में थी,
आक्रोश की कुछ धीमी लहर।

महाराज बड़ोदरा ने यह किया निर्णय -
अर्थमंत्री बनाया जाए इस विख्यात व्यक्ति को,
चमका अमेरिका-इंग्लैण्ड में कीर्त्ति-सूर्य जिसका -
सैन्य सचिव बनायें प्रथमतः, उस व्यक्ति को।

किन्तु यह क्या? -
असहयोग-उपेक्षा-घृणा,
वातावरण सर्वत्र ही विराध का।
हिन्दू ही नहीं, मुस्लिम
और पारसी भी करते घृणा,
मन देख कर बना, सागर क्रोध का।

बड़ोदरा महाराज से की प्रार्थना,
स्वेच्छया मुक्त इस सेवा से हुए;
सिडेन हेम कॉलेज में प्रोफेसर बने-
किन्तु वहाँ भी घृणा देख आहत हुए।

स्वतंत्र चेतना और समता की जो भावना,
हृदय में बस चुकी थी; आहत हुई।
बादल निराशा के घिरे, मन टूटा,
दुनिया स्वप्न की बिखरी, घायल हुई।

00

उभरे नई एक प्रेरणा बन कर,
कोल्हापुर के **छत्रपति साहूजी महाराज**।
चला रहे आन्दोलन अछूतोद्धार का,
चाहते थे जो; छूआछूत-रहित निज राज।

मिले आम्बेडकर उनसे, निकाला **'मूकनायक'** पत्र।
अचूक हथियार अछूतों का, चर्चित यत्र-तत्र-सर्वत्र।

था दलितों केलिए यह पत्र पूरी तरह समर्पित,
उनका पहला ही अग्रलेख, जिसमें हुआ चर्चित ः
'हिन्दू समाज है ऐसा एक गुम्बद,
माले हैं जिसमें कई,
किन्तु उसमें न सीढ़ी या द्वार कोई;
जो पैदा हुआ जिस माले में,
मर जाएगा उसी में,
इस दशा से न पाएगा पार कोई।'

दूसरा भी लेख, प्रेरक सामने आया,
राष्ट्रोन्नति का मार्ग मौलक, था सुझाया ः
'ज़रूरी नहीं मात्र -
भारत को आज़ाद करवाना,
धार्मिक-सामाजिक-राजनीतिक समता -
अपरिहार्य है उसके लिए।
अनिवार्य है यह बात -
उसे एक उदात्त राष्ट्र बनने केलिए।'

थी सुर्खियों में हृदय की आग,
तीव्र स्वर, विचलित सवर्ण समाज।
'ब्राह्मणों को नहीं रुचिकर, यदि ब्रिटिश सरकार,
अछूत ही कैसे सह सकेंगे, ब्राह्मणों का राज?
ब्राह्मणों को यदि मिलेगी, शासन-सत्ता कभी,
विरोध पुरजोर हम मिलकर करेंगे उनका भी।
विरोध यह आधारित रहेगा न्याय और सद्धर्म पर,
विश्वास है हमारा सदा ही, मनुजता के कर्म पर।

गुलामी अस्वीकार है
हर हाल में हर व्यक्ति को;
अधिकार सब का ही बराबर,
प्राप्त करना शक्ति को।'

देश क क्षितिज पर
दिखने लगी –
आग! आग!! केवल आग!!!
भयावह आग!
भीमराव आम्बेडकर थे
पर्याय अब
भयावह आग के।
विचार से भी, कर्म से भी
अग्नि था वह नाम;
उदात्त और अकाट्य जिसके तर्क–
वैसे ही संघर्षप्रिय सब काम।

"विश्वास अंत्यज वर्ग का,
मन–प्राण अंत्यज वर्ग का;"–
अध्यक्ष पद से एक सभा में
छत्रपति साहूजी ने यह कहा।
और घोषित ज़ोर दे कर यह किया :
"आम्बेडकर के रूप में –
एक रक्षक आप सब को मिल गया।
विश्वास यह अब हो चला मुझको,
बेड़ियों से मुक्त वह करेगा आप को।

बनेंगे आम्बेडकर नेता महान्, भविष्य में,
विद्वता की मूर्त्ति वे; फैलेगी कीर्त्ति उनकी,
चतुर्दिक देश में।''

00

यह क्या! छूटी प्रोफ़ेसर की भी नौकरी,
वक़ालत भी नहीं, न सचिव की नौकरी।
था अंधेरा रास्ता अब सामने,
समय भविष्य-नायक को था छल रहा।
किन्तु; भविष्य के अंधेरे गर्भ में,
कौन जाने, क्या था पल रहा!

महाराजा कोल्हापुर
सहायता-हित प्रस्तुत हुए,
'इंग्लैण्ड जाओ, अध्ययन पूरा करो' -
प्रस्ताव सुन आम्बेडकर सहमत हुए।

भाल पर खिंची चिन्ता की एक रेख -
पीछे परिवार की होगी कैसे देख-रेख?
शिशु नन्हा यशवन्त अभी अबोध है,
शायद रमा को भी न इतना बोध है!

कैसे चलेगा घर? - जब प्रश्न आया,
पत्नी रामाबाई ने साहस बँधाया :
''आप निश्चिन्त हो जायें वहाँ,
हम सभी कुछ देख लेंगे यहाँ।
आपका उद्देश्य, हम सब से बड़ा है,
प्रश्न बहुजन का, चुनौती बन खड़ा है।''

पत्नी रमा का यह कथन
सार्थक था,
बड़ा था;
गृहलक्ष्मी का धर्म
अब साथ,
उनके खड़ा था।

00

लन्दन गए वे
अध्ययन में डूबे रहे,
की निन्तर साधना,
वहीं से जर्मन गए।
00
डिग्री डॉक्टरेट की
लन्दन से मिली,
कठिन परीक्षा थी;
बैरिस्टर डॉक्टर आम्बेडकर
हुए अब -
डी० एस-सी०।

संघर्ष-पथ की सीढ़ियाँ

वे लौटे, बन कर प्रबुद्ध।
शान्त चित्त, गम्भीर व्यक्तित्व।
बदलाव देश में आ रहा नया,
नव चेतना उठी, नई हवा बही,
था देश समूचा जाग रहा,
लेकिन - अस्पृश्योंकी दशा वही।

स्वातंत्र्य आंदोलन था चरम पर,
आकर जुड़ गए औरों के संग -
मन-प्रण से स्वयं डॉक्टर आम्बेडकर।

देखा एक अजीब दृश्य,
थे अस्पृश्य अब भी अस्पृश्य।
सवर्णों के लिए आज़ादी सर्वोपरि,
किन्तु अछूतों का था ध्यान किसे?
वह आज़ादी भी, आज़ादी क्या,
हम आज़ादी कहते हैं जिसे??

आम्बेडकर का उद्देश्य सत्य –
मानव धर्म का स्थापन,
समता–स्वतंत्रता–भ्रातृत्व और
शोषणमुक्त हो जनजीवन।
00

उनकी आँखों के सामने आजाते –
बुजुर्ग हब्शियों के चेहरे,
जिन्हें आज़ाद किया था अमेरिका ने।
आजाते अपने वर्ग के
उन बुजुर्गों के झुर्रियों–भरे चेहरे
जो युगों से जी रहे थे गुलाम ज़िन्दगी।
उन युवकों के चेहरे,
जिनमें जोश तो था,
किन्तु दिशा कहीं खो गई थी।
गिरवी रखी हीं सांसें जिनकी,
पीढ़ी–दर–पीढ़ी बदहाल ज़िन्दगी,
जिन्होंने मान ली थी अपनी नियति।
रह–रह कर एक दंश
उनकी अंतरात्मा को कर देता बेचैन –
कैसा समाज है यह, जो जगा तो रहा है अलख
अपनी आज़ादी की; किन्तु –
नहीं चाहता आज़ाद करना अपने ही भाइयों को!
भाई वे, जो इस समाज का एक तिहाई हैं और
जी रहे हैं गुलामों से भी बदतर ज़िन्दगी!
मैं स्वयं क्या हूँ? – बैरिस्टर या 'डी०एस–सी०';
किन्तु हूँ उपेक्षित।

मेरी योग्यता, व्यक्तित्व उपेक्षित किस लिए?
बस इसलिए कि मैं हूँ 'अछूत'!
कितना जानलेबा शब्द है यह – 'अछूत'?
जन्म से ही लग जाता,
ज़िन्दगी भर को हमारे साथ।
छीन लेता यह –
मानव से मानव होने का अधिकार।
विवश करता, पशुवत् जीने केलिए।

सोच कर यह बात, हो उठता झंकृत मस्तिष्क,
रक्त बहने लगता धमनियों में धड़धड़ाता तेज।
उत्तेजना लेती जन्म, हो उठती यातना प्रबल।

सागर तट पर बैठना भाता,
जैसे सागर स्वयं उनको बुलाता।
देखते वे – आतीं लहरें उछाह से,
बिखरतीं-लौट जातीं बिना किसी उत्साह के।
क्या है आकांक्षा इनकी? – सोचते।
क्या तट से टकरा कर लौट जाना ही
जीने का मात्र लक्ष्य? – उत्तर खोजते।
आते समय इनमें बहुत है उत्साह उद्दाम,
उच्च स्वर में जय घोष, लौटना निष्काम।
सावन की घनघोर घटा जैसा उमड़ना,
टकराना परस्पर या कि तट से, बिखरजाना।
पराङ्मुख, पराजय, शून्य में चीत्कार,
अरण्य रोदन व्यर्थ है; है व्यर्थ सब बिखराव।

नहीं-नहीं मैं लहरों-जैसा नहीं।
बादलों घिरे हृदय के आकाश पर उभर आती
मन की आवाज़, विद्युत् लता-सी।

00

महात्मा फुले के सिद्धान्त
थे आम्बेडकर की अंत:प्रेरणा।
ऐसे समाज के थे वे स्वप्नद्रष्टा
जिसमें हो सम्राज्य -
समानता, स्वतंत्रता और भ्रातृत्व का।
अमेरिका और इंग्लैण्ड का अध्ययन
हुआ सहायक इस स्वप्न में।
लेना था लोहा उन्हें
अपने समय के सवर्ण हिन्दुओं से।
साथ उनके चेतना का आधार -
व्यापक सामाजिक दृष्टि,
मानवता का प्रखर हथियार।

जड़ता तोड़नी होगी हमें
होगी छोड़नी कट्टरता।
"कुछ भी नहीं जड़,
न शाश्वत, न सनातन।
परिवर्तनशील है सब,
मानव, मानव-समाज
और यह जीवन।
धर्म है - परिवर्तन।"

"मानव की पीड़ाओं में,
है बहुत बड़ा योग –
सामाजिक परिस्थितियों का।...
दासता, विषमता और पीड़ाओं का
होगा अन्त –
सामाजिक चेतना के विस्तार से।
सामाजिक न्याय हमारा हो मूल मंत्र,
सम्भव तभी स्थायित्व।"

00

एस. के. बोले

नेता मुखर थे,
अछूतों के हितों-हित –
तर्क उनके प्रखर थे।
मुम्बई विधान परिषद् में
उनका था एक प्रस्ताव सुखद ः

"सरकारी खर्च से बने,
या कि संरक्षित सरकार से प्रशासित –
अथवा कानून से प्राप्त जिसे अधिकार,
ऐसे सार्वजनिक पनघट, कुआँ या धर्मशाला
का उपयोग कर सकें अछूत।
मिले अधिकार उनका,
सब अछूतों को।
निर्बाध हो प्रवेश उनका –
स्कूल- आदलतों, कार्यालय- अस्पतालों में।"

प्रस्ताव यह पारित हुआ, विधान परिषद् में।

साथ ही जुड़ा एक प्रस्ताव और :
"अनुदान उन
स्वायत्त संस्थाओं का
हो जाए बन्द तुरन्त -
जो करती नहीं हैं,
लागू पूर्व प्रस्ताव को।"

किन्तु इस प्रस्ताव का परिणाम,
निष्फल हुआ।

बेचैनी थी दलितों में।
आयोजित किया सम्मेलन विराट् **महाड़** में,
अध्यक्ष जिसके डॉक्टर आम्बेडकर।
अध्यक्ष-पद से उद्बोधन कुछ यों किया :
"समाप्त हो भावना कुलीनता की - हीनता की।
चाहिए अछूतों को वे ऊँचे उठें,
स्वावलम्बन, स्वाभिमान और स्वविवेक के बल पर।
छोड़दें अपना 'वतन', सरकारी लें नौकरी।
करें मेहनत, जोतें ज़मीन -
खाली पड़ी जो जंगलों में।"

सम्मेलन के समापन पर,
जागी यह चेतना;
हजारों की भीड़ ने किया प्रस्थान,
'चवदार' तालाब-ओर -
पा सकें वे - पानी पीने का, और भरने का;
मानवोचित अधिकार अपना।

तभी अफवाह फैली :
'करेंगे प्रवेश वीरेश्वर मन्दिर में अछूत,
हो जाएगा अपवित्र देवालय,
भारी सभा वे कर रहे।
एकजुट हैं वे -
हमारे मन्दिर की तरफ हैं बढ़ रहे।
जागो! रोको उन्हें!!
हो जाएगा भारी अनर्थ।'

क्रुद्ध सवर्ण,
मुट्ठियाँ बँधी,
तनी भौंहें,
हाथों में लिए वे लाठियाँ,
हथियार धारदार।
बढ़ चले वे सभा-स्थल-ओर,
लाल-पीली आँधी हो, जैसे क्रोध की।
टूट पड़े वे अनायास,
निहत्थे, असहाय अछूतों पर,
विचार-विमर्शलीन थे जो, शान्त;
पाण्डाल के नीचे।

मचगई भगदड़,
चीख-पुकार,
जिसको मिली जो दिशा,
भागा वह उसी ओर।
जुल्म का था नहीं,
कोई ओर-छोर।

स्वयं आम्बेडकर ने ली शरण,
पुलिस थाने में।
कुछ लोग शरणागत हुए
मुसलमानों के।

प्रथम यह आंदोलन,
नागरिक अधिकार पाने का,
हुआ असफल।

परिणाम :
बहिष्कार समाज में अछूतों का,
छीन लीं उनकी ज़मीनें,
हुए हमले, कई गाँवों में।
देखकर चिन्तित
और विचलित थे आम्बेडकर;
'- अब क्या करें?'
सूझा विचार - 'भरना होगा जोश,
अपने लागों में। अत्याचार सहना पाप है,
पाप है चुप बैठना। धिक्कार -
ऐसी कायरता में जीना।'
'मिलेगा नहीं यों कोई अधिकार सहज,
उठाना होगा क़दम आक्रामक।
पनघटों से हम भरेंगे जल, बलात्।
प्रवेश करेंगे हम मन्दिरों में।'
'सत्याग्रह भी एक पथ इसके लिए।
उसी अहिंसक पथ का करें हम अनुगमन।'

'सत्यशोधक आंदोलन' के दो मित्र,
उत्साही बहुत थे उत्तेजना में।
बोले : *"शर्त यह अपनी रहेगी, आप सुनलें,*
ब्राह्मण न होगा कोई, साथ में।"
कहा आम्बेडकर ने समझाते हुए उन्हें :
"विरोध अपना नहीं सब ब्राह्मणों से,
सभी ब्राह्मण नहीं दुश्मन हमारे।
शत्रु अपने सिर्फ़ वे हैं -
जो मानवता-विरोधी,
ब्राह्मणवादी, अहंकारी।
हमें सहयोग जो देगा
अछूतोद्धार में,
वही अपना मित्र है।"
00

फिर **महाड़** में ही आहूत था,
सत्याग्रह का सम्मेलन नया।
व्यापारियों का असहयोग,
प्रशासन मूक,
एक मुस्लिम बंधु ने स्थल दिया।

कहा आम्बेडकर ने आह्वान करते हुए :
"वर्ण-व्यवस्था, हिन्दू समाज की
बहुत भारी भूल है;
'मनुस्मृति' सामाजिक, आर्थिक, धार्मिक -
दासता की मूल है।"

प्रस्ताव यह पारित हुआ –
जले होली 'मनुस्मृति' की।

होली जली।
था प्रथम यह अग्नि–प्रहार,
रूढ़ परम्परा और अंधश्रद्धा पर।

पारित एक और प्रस्ताव ऐतिहासिक ः
पुजारीवाद और पुरोहित का व्यवसाय,
बने लोकतांत्रिक।
हर व्यक्ति को यह छूट कि वह –
कर सके हर काम,
अपनी योग्यता से, श्रम से;
रुचे जो उसे मन से।
00

सामाजिक संघर्ष का मार्ग था लम्बा,
कठिन था; किन्तु दृढ़–निश्चय सभी का।
साथ था आम्बेडकर के विपुल जन का बल।
अडिग थे, सजग थे, साथ में –
था, नैतिक समर्थन न्याय का।
हर पल प्रस्तुत वे, कर सकें –
प्रतिकार हर अन्याय का।

आंदोलन फिर एक छिड़ा, उद्देश्य ः
'नासिक के कालाराम मन्दिर में प्रवेश।'

"आंदोलन शांतिप्रिय ढंग से चले यह,
हो सके हृदय-परिवर्तन सवर्ण समाज का।"

एक ही आवाज़ पर,
मील-भर लम्बा चल पड़ा जुलूस,
चार-चार के समूह में,
अति उत्साही बढ़ चला जुलूस।
"डॉकदर आम्बेडकर की जय" -
का घोष, आकाश में गूँजता था,
हजारों पुरुषों औ' नारियों का स्वर,
प्राण जन-मन में फूँकता था।

किन्तु बन्द पट थे, क्या करें अब?
गोदावरी की ओर, बढ़ चले सब।
सवर्णों को नहीं था सहन उनका इस तरह बढ़ना,
नदी जल को छूना, या देवालय की सीढ़ियाँ चढ़ना।
काँपते वे क्रुद्ध थर-थर,
बरसा रहे, पदत्राण-पत्थर।
था संघर्ष लम्बा और अति विकराल,
मानवता पर कुपित मानो क्रूर काल।
सुलह हुई दोनों पक्षों में एक माह के बाद,
क्या खोया, क्या पाया किसने; नहीं किसी को याद।
समझौता मिलकर था हुआ यही -
'रामनवमी पर, खींचेंगे रामरथ,
अछूत और सवर्ण मिलकर।'
एकस्वर से जनता ने कहा :
"ठीक है यह, बात बिल्कुल सही।"

किन्तु जैसा पूर्व में अनुमान था,
रथ खींचकर, सवर्ण अकेले ही गए।
सम्मान समझौते का त्याग कर,
वादे से स्वयं के ही वे मुकर गए।

देख कर फिर व्यवहार यह,
आम्बेडकर का निष्कर्ष था :
"सही नहीं यह कि हम मनवालें,
हर बात सत्याग्रह के रास्ते।
यह तो एक प्रार्थना है,
हिन्दूवादियों से, जो तथाकथित उच्च हैं।
सत्याग्रह यह मात्र, हृदय-परिवर्तन का प्रयास है।"

"अछूतों की समस्या
केवल पूजा या अर्चना से
नहीं हो सकेगी हल,
बदलना ही होगा हमें
आज या फिर कल।"
00

इसी कड़ी में जुड़ा एक और चलन,
जिसे कहा जाता था - **'महार वतन'**।
वंशानुगत पद के नियम से,
कुछ ऐसी थीं नौकरी -
काम जिन पर करते थे महार।
जो नौकर रहता कभी अनुपस्थित निज नौकरी पर,
काम उसके बदले करना होता, उसके पिता-भाई या पुत्र को।

यह नौकरी बनाती उसे
नौकर-बँधुआ मजदूर आजीवन।
ज़मीन थोड़ी-सी, थोड़ा-सा वेतन,
थोड़ा अनाज गाँव से;
बस यही था नियत इसके लिए!

देखी चिन्तक आम्बेडकर ने यह दशा -
स्वाभिमान खोकर, महार हो गए पतित,
जुड़े रहे जनम-जनम तक, तुच्छ-से इस काम से।
परम्परा यह तोड़नी होगी हमें;
बस कानून से बदलाव, सम्भव इसमें है नहीं।
त्यागना होगा हमें इस काम को,
छोड़ना होगा लालच उस ज़मीन का -
जो है बस बराए नाम को।
मेहनत हम करते दूसरों केलिए,
क्यों न मेहनत हो हमारी अपने लिए?
हम करें उस ज़मीन पर काम डट कर,
योग्य वह खेती के बने, बेकार है जो पड़ी बंजर।
विधेयक एक प्रस्तुत किया :
वंशानुगत पद अधिनियम में बदलाव हो।
उद्देश्य इसके तीन यह -
- 'वतन' रखने-न रखने का अधिकार,
हो इच्छा पर उसके जोतदार की।
- 'वतनदारों' की कुछ श्रेणियों के लिए,
हो व्यवस्था सुरक्षित वेतन भुगतान की।
- नियम बन जाय यह कि
काम कौन-से करने होंगे, 'वतनदार' को।

दिए थे राजाओं-
महाराजाओं ने कभी
जमीन के टुकड़े ये, महारों को;
चले आ रहे उतने ही, ज्यों-के-त्यों।
सरकार ने नहीं दिया ध्यान,
न बढ़ाया उस जमीन का क्षेत्र, न वेतन।

कहा उन्होंने :
'दे दी जाए 'वतन' की जमीन
उनके जोतदारों को पूरे लगान पर,
दे दी जाए मुक्ति उन्हें बँधुआ-नौकरी से।
महार जाति के विकास में है
'वतन' एक बाधा सबसे बड़ी।'

महारों की माँग बहुत ही सहज,
सीधी राह की तरह, सरल और नीतिवत् थीं :
'बदल दिया जाए 'रैयतवाड़ी' में
महारों की वेतन की जमीन को;
मिले उन्हें वेतन प्रतिमाह,
काम उनसे लिया जाए सरकारी; और -
हीन कर्मचारी न समझा जाए उनको।'

संघर्ष इस के लिए किया
डॉ0 आम्बेडकर ने बीस साल तक।
प्रथा यह 'महार वतन' की
हुई समाप्त बाद में उनके।

00

निष्कर्ष था उस नायक का –
‘शास्त्रें को कर देना चाहिए ज़ब्त,
पूर्ण मानव का अनादर किया है शास्त्रें ने।
असमानता भी
नहीं होगी दूर –
हम यदि स्मृति आधृत धर्म को
उखाड़ कर फेंक देंगे नहीं।’
क्रांतिकारी विचार ः
‘ग़लत नहीं –
मनुस्मृति का दहन।’
किया उन्होंने
‘समता सैनिक दल’ का गठन।
उद्देश्य था –
उन मूल्यों को कर देना निष्प्रभ,
संस्कृति और परम्परा के नाम पर
अमानवीय तत्वों को –
जिन्होंने दिया है प्रोत्साहन।

|| दिशा - तीन ||

न्याय

सभ्यता एक वरदान है . वह मानव व प्रकृति, कला के कौशल के ज्ञान का संचित भण्डार है। वह एक नैतिक संहिता है, जो अपने साथियों के प्रति मानव के आचरण को विनियमित करती है। वह एक सामाजिक संहिता है, जो प्रत्येक व्यक्ति के द्वारा पालन किए जाने वाले नियमों-विनियमों की व्यवस्था करती है। वह एक नागरिक संहिता है, जो शासक तथा शासित के अधिकारों तथा कर्त्तव्यों का प्रावधान करती है।

– डॉ0 भीमराव आम्बेडकर

ऊँची जाति और औहदे वालों से याचना मत करो, परन्तु अपने कानूनी अधिकारों केलिए लड़ो और उन्हें प्राप्त करो।

–डॉ0 भीमराव आम्बेडकर

सभी को समान न्याय

'स्वतंत्रता है
पवित्र अधिकार' -
विचार यह अमूल्य है;
किन्तु सचेत रह, कर्त्तव्य करना
स्वतंत्रता का मूल्य है।

स्वतंत्रता मदिरा है, क्षणभंगुर है, चपल है,
सीमा इसकी पहचानता जो, वह सफल है।

बिना स्वतंत्रता के
अधिकार अधिक,
यदि असह्य हैं,
तो है असह्य, अधिक स्वतंत्रता भी,
अधिकार औ' दायित्वों के बिना।

इतिहास की नदी बहती,
नदी की हर लहर कहती :
'कानून-व्यवस्था के बिना, स्वतंत्रता -
चिरकाल तक नहीं रहती।

न्याय और
कानून का सिद्धांत
अवधारणाएँ दो;
मनुष्य की बुद्धि
से विकसित -
हैं आदर्श जो।
नियंत्रक हैं,
उच्छृंखलता के,
रक्षक मानव की
सहज स्वतंत्रता के।

'न्याय : एक सिंहासन; जिसे -
झंझावत भी हिला सकता नहीं!'
रोमवासियों ने यह बात
थी बहुत पहले कही।

धड़कन यह; उद्वेलित जिसे -
भावावेश कर सकता नहीं।
तलवार वह अपराधियों पर
निष्पक्षतः गिरती रही।

सत्य यह है
न्याय को तो
सूर्य होना चाहिए।
रोशनी सब को मिले -
यह यत्न होना चाहिए।

मानवाधिकार का सूत्र यह :
"है कानून के सम्मुख, हर कहीं, हर व्यक्ति को,
व्यक्ति के रूप में अधिकार निज मान्यता का।"
"हैं बराबर कानून में सब।
अधिकार सब को -
कानून के संरक्षण का; एक जैसा।"

कहा था कभी यह
डॉ0 आम्बेडकर ने ज़ोर दे कर :
"तुम याचना,
ऊँची जाति या पद वालों से मत करो!
लड़ो अपने कानूनी अधिकारों केलिए,
प्राप्त उनको करो!"

"जाग्रत है जो,
जो है संघर्षरत,
पाता न्याय स्थाई,
वह अन्ततः।"

अस्पृश्य और कानून

'हमें कुछ करना चाहिए अस्पृश्यों केलिए,
दयनीय है हालत उनकी!' –
ऐसा कहने वालों की कमी नहीं।
लेकिन ऐसा सिर्फ कहने से काम क्या बनेगा?
'हमें स्पृश्यों को बदलने केलिए भी
कुछ करना चाहिए' – कोई कहे यह बात,
तब उम्मीद हो बदलाव की।

अस्पृश्य अर्थ में अनादि,
शेष से विभक्त।
यह पृथकता, यह पृथग्वास
नहीं है परिणाम उनकी इच्छा का,
बाध्यता है, पसंद नहीं, मजबूरी है।
समस्या यह दूसरों की निर्मिति।

एक ही मिट्टी के बने हैं सब,
सबको अधिकार अपने साथ
सद्व्यवहार का।
लेकिन देखते हैं हम
अनेक अत्याचार अस्पृश्यों पर।

अस्पृश्य कौन? -
बहिष्कृत बस्तियों के जन।
दस लक्षण जिनके निर्धारित किए हैं किसी विद्वान् ने :
- वे, जो नहीं मानते ब्राह्मणों को श्रेष्ठ।
- नहीं लेते गुरुदीक्षा, किसी ब्राह्मण या हिन्दू-गुरु से।
- नहीं स्वीकारते सत्ता वेदों की।
- नहीं करते जो पूजा, बड़े-बड़े हिन्दू देवी-देवताओं की।
- नहीं करते ब्राह्मण जिनकी यजमानी।
- नहीं जिनका कोई ब्राह्मण पुरोहित।
- नहीं करते प्रवेश जो मंदिरों के गर्भगृह में।
- लगजाती छूत जिनके स्पर्श से।
- दफनाते जो मुर्दों को; और -
- खाते हैं गोमांस, करते नहीं पूजा गाय की।

आम्बेडकर ने की नई व्याख्या कुछ भिन्न इससे।
कहा : 'रोम के गुलाम हों
या अमरीकी नीग्रो;
अस्पृश्य हमारे, भिन्न हैं इनसे।
रोम के गुलाम हमारे अस्पृश्यों से हैं सुखी,
खुले हैं विकास के रास्ते उनके।
अनिवार्य नहीं गुलाम-प्रथा,
अस्पृश्यता अनिवार्य है।
अस्पृश्यता है,
परतंत्र समाज-व्यवस्था का
कुत्सित रूप सबसे।
जन्म ले कर अस्पृश्य के घर
व्यक्ति हो जाता अस्पृश्य हर तरह से।

गुलाम-प्रथा कानून में
प्रावधान है मुक्ति का,
अस्पृश्य अपनी दशा से
बच नहीं सकता।
अस्पृश्यता है गुलामी का
अप्रत्यक्ष रूप कुत्सित इसीलिए।
है एहसास एक गुलाम को,
कि वह है गुलाम।
यह एहसास ही उसे
देता है चेतना मुक्ति की।
किन्तु अस्पृश्य की स्वतंत्रता
छीन ली जाती परोक्षत:।
नहीं होता एहसास उसे
अपनी गुलामी का।
संघर्ष वह कर नहीं पाता
निज मुक्ति के लिए इसीलिए।

गुलामी में शिक्षा, नैतिक आदर्श,
सुख, संस्कृति और समृद्धि की बनी रहती गुंजाइश,
अस्पृश्यता में किन्तु; इनकी नहीं सम्भावना है।

एक अस्पृश्य होता व्यक्ति निज में स्वतंत्र,
किन्तु नहीं मिलते उसे समान अधिकार।
न होता उसके साथ, राग-द्वेष-मुक्त व्यवहार।'

देश के गाँव नहीं कोई इकाई अलग,
रहते उनमें भिन्न-भिन्न जातियों के लोग।

स्पृश्य और अस्पृश्य - दो आबादियाँ।

अस्पृश्य रहते गाँव के बाहर वहीं,
गरीब वे, पराश्रित, अशक्त;
एक नाम 'ग्रामकूट' उनका सही।
शासक जाति के रहते अधीन,
पीढ़ी-दर-पीढ़ी, वे 'दासेरक'-
बँधुआ लोगों की तरह।

स्पृश्य और अस्पृश्य लोगों के बीच
आपसी व्यवहार कैसा हो? - शर्तें विकट।
आचार-संहिता यह स्पृश्यों ने बनाई,
पालन करना अनिवार्य जिसका हर अस्पृश्य को।
माने नहीं कोई, तो 'अपराध' होगा,
दण्ड भी मिलता उसे सवर्ण समाज से।
- बनायें घर अपने, हिन्दू बस्तियों से दूर, दक्षिण दिशा में।
(दिशा दक्षिण की मानी जाती अशुभ!)
- छूने से उनकी छाया भी, लग जाता पाप,
ध्यान यह रखें वे स्वयं, रहें दूर।
- नहीं रख सकते वे पशु या कि सम्पत्ति प्रचुर।
- नहीं बना सकते खपरैल की छत, पक्का मकान।
- नहीं पहनें धवल वसन, जूते, घड़ी, स्वर्ण-आभूषण।
- नहीं रखें शुभ नाम बच्चों के, हों वे कितने ही मनोहर,
नाम उनके रहेंगे हीनता-सूचक।
- बैठें नहीं ऊँचाई या कि कुर्सी पर, सवर्णों के सामने।
- घोड़े पर या कि पालकी में बैठ, गुजरें नहीं गाँव से।
- वर्जित अस्पृश्य बिरादरी का हर जुलूस, गाँव से होकर।

– करना होगा हर सवर्ण से प्रणाम,
वह हो बड़ा या कि छोटा आयु में।
– भाषा सवर्णों की बोले नहीं कोई 'महत्तर',
बोले वह अपनी 'हीन बोली' में।
– व्रत हों, सवर्ण ले रहे हों व्रताहार,
अवरवर्णज जा नहीं सकते, सामने उनके,
बात भी वे कर नहीं सकते, हो जाएगा व्रतभंग उनका।
– नहीं धारण करें वे सवर्णों–जैसे चिह्न।

साथ ही कुछ काम ऐसे हैं नियत,
करने होंगे जो अस्पृश्यों को, सवर्णों के हितार्थ।
– अवसरों पर जब जरूरत हो,
करेंगे काम संदेशवाहक का, जाना हो दूर कितना ही।
– लकड़ी चीरना, लाना सामान।
– पूरे गाँव के किसी आयोजन में
करेंगे काम नौकर का।...

काम ये बिना मजदूरी के लिए जायेंगे उनसे,
अधिकार यह उन पर समूचे गाँव का।
वे मानते श्रेष्ठ अपने को,
अछूतों को निम्न, इसी से करते मनमानी।
करे कोई 'अपराध' इन नियमों को 'तोड़ने' का,
मिलेगा दण्ड उसको,
साथ ही पूरे अछूत समाज को इसका।

कई घटनायें घटीं, जीवन में डॉ0 आम्बेडकर के,
चिन्तित वे, विचलित बहुत, हर पल सोचते रहते।

कालीकट का गाँव एक,
'कलाडी' नाम जिसका,
कुएँ में गिर गया शिशु अबोध,
रोने लगी माँ, जुट गए सब लोग।
हिम्मत नहीं किसी में,
बचा सकें जान बालक की,
नहीं था किसी को बोध।
अजनबी एक गुजर रहा था,
देखा दृश्य वह रुक गया।
दयावश वीर वह,
कूदा कुएँ में,
बचा लाया प्राण बालक के।
परिचय पूछा गाँव ने,
"जी मैं अछूत हूँ..." –
इतना कहा बस।
सुनते ही यह,
देने लगे सब गालियाँ!
मारा–पीटा, कहा :
"गंदा कर दिया कुआँ!!"
00
समाचार छप रहे हे समूचे देश में,
अंत्यजों पर सवर्णों के अत्याचर के;
सोचते युगनायक आम्बेडकर,
विरुद्ध वे इस अनीति–आचार के।

"**दिल्ली** : हरिजनों ने पास जाकर
कर दिया अपवित्र '**व्यकोम मंदिर**'!"

"**आगरा** : एक अछूत ने की कोशिश,
अपने घर विष्णुमूर्ति-पूजा की।
हुए ब्राह्मण क्रुद्ध – 'हमारी बराबरी?!'
पीटा उसे, मुँह में भर दिया कीचड़।
हताश हो त्याग दिया उसने धर्म हिन्दू,
कर लिया इस्लाम स्वीकार।..."

"**ओपड गाँव** :
मुसलमान सक्कों की मशक से
लेते थे पानी अछूत।
आर्य समाजी पण्डितों के कहने पर
लेना कर दिया वह बन्द।
अब हैं मुसीबत में,
कुओं से पानी लेने केलिए –
गाँव के जाटों ने कर दिया मना।
नहीं खोदने देते उन्हें अपना भी कुआँ।
पी रहे पानी वे – गड्ढों-तालाब से।"

"**कवीथा गाँव** :
दाखिल हुए अंत्य-बच्चे एक स्कूल में,
देखकर यह सवर्णों ने
हटा लिए स्वयं के बच्चे स्कूल से,
साथ अंत्यजों के पढ़ेंगे वे नहीं।
बाद कुछ दिन,
एक द्विज ने सताया अछूत को,
रपट जिसकी लिखवाने गए अंत्यज '**धोलका**',
सवर्णों ने बोल दिया हमला घरों पर, हो खफा।"

"चांदकोट – गढ़वाल :
यज्ञोपवीत है निशानी कुलीनता की,
अछूतों ने इस विचार से,
धारण कर लिया वह धागा 'पवित्र'!
गांधीजी और स्वामी श्रद्धानंद ने चलाया
अछूतोद्धार का आंदोलन, हो गए प्रेरित।
सवर्णों ने सताया उन्हें, कर दिए गाँव से बाहर।
जिलाधिकारी के सहयोग से वापस हुए।
करने लगे संध्योपासना, यज्ञोपवीत किए धारण।
कहाँ सहन था गाँव के सवर्णों को?
सताया, किया सामाजिक बहिष्कार,
कहा यह भी :
'शादियों में हमारी तरह,
नहीं करें प्रयोग वे डोला-पालकी का।'
लगा दी रोक सभी झरनों पर,
न ला सकेंगे जल।
चारागाह भी हुए वर्जित।
जिन्होंने नहीं किया
स्वीकार यह प्रतिबंध,
छोड़ दिया निज गाँव
अंधेरी रात में।"

"**रमानी गाँव**, जिला गुरदासपुर :
बुलवाया घरों से अछूतों को
सवर्ण राजपूतों ने।
दी चेतावनी :

'उतार दो जनेऊ,
खाओ कसम
नहीं करोगे धारण
इसे कभी भविष्य में।
मानी नहीं यह बात,
जान से धोओगे हाथ।'
तर्क में उभरे कुछ शांत स्वर,
सुना नहीं, हो क्रुद्ध पीटा उन्हें।
एक अवर वर्णज के तन पर
गोद दिया, खुरपी से खोद-खोद कर
जनेऊ का, बेरहमी से निशान।''
00

'साइमन कमीशन' का हुआ आगमन,
समितियाँ प्रदेशों की सहयोगी बनीं,
सहयोग-हेतु नियुक्त हुए आम्बेडकर भी।

'बहिष्कृत हितकारिणी सभा' की ओर से
डॉ0 आम्बेडकर ने माँग यह की :
'संयुक्त चुनाव का क्षेत्र हो,
दलित वर्ग केलिए हो आरक्षित क्षेत्र भी।'
कहा यह :
''दलितों को हिन्दू-समाज से अलग,
माना जाए स्वतंत्र जाति एक।
-राजनीतिक सुरक्षा की है ज़रूरत उन्हें।
दलित हैं पिछड़े हुए शिक्षा-क्षेत्र में,
गुलाम; आर्थिक दृष्टि से विपन्न।''

'डाँडी मार्च' का निर्णय ऐतिहासिक
लिया गांधीजी ने सोच कर,
काँग्रेस ने नारा दिया असहयोग का,
किन्तु सहमत नहीं थे आम्बेडकर।
काँग्रेस ने दिया नारा :
'कौंसिल में जाना हराम है।'
आम्बेडकर का तर्क था यह सुचिंतित –
बहिष्कार कौंसिल का हुआ यदि;
दलितों के हक़ दब जायेंगे नीचे।
कौंसिल में रह कर ही,
दलितों का कुछ हो सकेगा हित।

कांग्रेस का नारा था निराला :
"कौंसिल में कौन जाएगा?
धेड़ जाएगा, चमार जाएगा!!"
घोर अपमानजनक थी यह घोषणा,
सम्बोधित प्रकारांतर से आम्बेडकर को।
कहा बाबा साहब ने हो दुःखी :
"काँग्रेसी कहते कि वे जाति को भूल कर,
करते विश्वास केवल मनुजता पर।
फिर ये नारे?... गन्दी घोषणाएँ ??
साफ है, है मानसिकता दूषित।
उनके लिए तो –
हिन्दू–मुस्लिम की समस्या, है समस्या बस,
दलितों की समस्या, वे चाहते नहीं सुनना।"

"बनेगा देश का संविधान
जब भविष्य में
होगी गारंटी उसमें,
दलितों की सुरक्षा की।
इस देश की निर्णय-प्रक्रिया में
शामिल किए जायेंगे वे।
करूँगा दूर
राजकीय शूद्रता उनकी।
करूँगा संङ्घर्ष
अंतिम बूँद तक रक्त की अपनी -
आत्मसम्मान का एहसास
जन्म ले उनमें।
नहीं चलने दूँगा
हिन्दुओं के
सामाजिक-राजनीतिक-आर्थिक
वर्चस्व को।"

00

'साइमन कमीशन' की राय थी :
आयोजित हो गोलमेज परिषद् शीघ्र ही।

ब्रिटिश संसद के प्रतिनिधियों के बीच
लंदन किए आमंत्रित कुछ लोग भारत से।
डॉ० आम्बेडकर को भी मिला निमंत्रण,
गए वे। बोले वहाँ। अन्य सब के बीच।
सर तेजबहादुर सप्रू, मुकुन्द राव जयकर, मुंजे,
जीना, बिकानन्द और महाराज पटियाला...

एक से बढ़ कर एक विद्वत्,
कानून के पण्डित, राजनेता प्रखर।

सबके बीच आम्बेडकर का था प्रारम्भिक कथन ः
"आया हूँ मैं यहाँ प्रतिनिधि की हैसियत से उनकी,
गुलाम से भी बदतर है स्थिति देश में जिनकी।
आबादी फ्रांस जितनी, भारत की आबादी का –
पाँचवाँ हिस्सा!
उन दलितों की माँग है पुरजोर यह –
भविष्य में भारत की सरकार
उनके लोगों–द्वारा,
लोगों के लिए, चलाई जाए – लोगों से।"

शब्द उनके थे खरे, वक्तृत्व और तर्काधृत,
आवेशमय, ईमानदार, अप्रतिम।
हुए प्रभावित प्रधानमंत्री **मि0 मैकडोनाल्ड** बहुत,
लौटने पर, सभी प्रबुद्ध जन भी।
"आम्बेडकर हैं पूर्ण राष्ट्रहित वृत्ति के नेता,
सिद्ध है यह आज सचमुच हो गया।
गुलामी की जंजीरें तोड़ने में,
महात्माजी सहयोग उनका ले सकें, तो लें।"
'कुलाबा समाचार' में छपा यह सत्य।
'इंडियन डेली मिरर' ने यह लिखा ः
"आम्बेडकर हैं राष्ट्रभक्त;
भारत को मिले स्वयंशासित सरकार –
इच्छा उनकी है सशक्त।"

'फ्रीप्रेस जर्नल' के शब्द थे :

"डॉ0 आम्बेडकर की स्वतंत्र,
निर्भय स्वाभिमानी वृत्ति,
अंग्रेज़ों -
हिन्दुओं या मुसलमानों -
किसी को नहीं स्वीकार।
हैं बेचैन ये तीनों,
आम्बेडकर के प्रति।
बावजूद इसके
वे हैं समर्थ और योग्य
दिलाने दलितों को सुरक्षा,
इसमें है नहीं सन्देह।"

युगपुरुष थे गांधीजी,
चरम पर थी कीर्त्ति उनकी।
आम्बेडकर का करते आदर हृदय से,
प्रभावित वे उनकी योग्यता से।
इच्छा हुई मिलें वे, करें चर्चा देश की।

मिले दोनों
युगपुरुष;
चौदह अगस्त के दिन।
सन् इकत्तीस का
वह दिन,
हो गया दर्ज
इतिहास में।

"अच्छा बताओ डॉक्टर!,
क्या कहना है आपको?" – पूछा
सस्नेह गांधीजी ने शांत – संत स्वर में।
'मणिभवन' की तीसरी मंजिल,
बैठे हुए गांधीजी अविचल।
"सुनने आया हूँ, कृपया कहें आप।
आमंत्रण मुझे मिला था, आ गया हूँ।"
विनम्र उत्तर दिया आम्बेडकर ने।
"सुना है आपकी हैं शिकायतें कुछ,
काँग्रेस से और मुझसे?"
"... ... ..."
(चुप्पी एक, बेचैन अन्दर से,
टंगी रही कुछ क्षण।)
"हुआ तुम्हारा जन्म भी जब नहीं था,
अछूतों के प्रश्न पर, मैं कर रहा हूँ काम।
साफ कहो तुम, चाहते क्या हो?" –
कह कर गांधीजी हुए निष्काम।
"आपका कहना सही है,
आप कर रहे हैं काम अछूतों केलिए,
मेरे जन्म से पहले...
मुझ से बड़े हैं आप, यह भी सही है;
किन्तु मान्यता औपचारिक दी है आपने
अस्पृश्यता-निवारण के काम को।
इसके अलावा क्या किया है,
काँग्रेस ने या आपने?"
कह कर, कुछ तिलमिलाए,
किन्तु सम्हले, गांधीजी मुस्कुराए।

"अछूतों केलिए व्यय किए हैं,
चौबीस लाख रुपए अब तक,
हमारी काँग्रेस ने।''–
''किए होंगे, यह मैं मानता हूँ,
पैसे वे पानी में गए, मैं तो यही बस जानता हूँ!''
''कहो फिर – हमें क्या करना चाहिए?''
''आपने रखी है शर्त खादी पहनने की,
बनने केलिए सदस्य काँग्रेस का।
रख सकते थे आप यह शर्त भी –
'अस्पृश्यता–निवारण केलिए –
हर सदस्य रखे, अपने घर
किसी एक दलित लड़के को।
या बुलाए भोज पर, अपने घर।
रखे घरेलू काम पर दलित स्त्री को।
जो नहीं करे पूरी यह शर्त,
टिकट मिलेगा नहीं काँग्रेस का उसे।'''
बात कटु थी। सुविचारित। गांधी विचलित।
बात कुछ ऐसी हुई –
आम्बेडकर के सरल चेहरे पर
पीड़ा, घृणा, आक्रोश था छलक आया ः
''कहते हैं आप अंग्रेज सरकार का
नहीं हुआ हृदय–परिवर्तन,
परन्तु, हमारी समस्या के प्रति
हिन्दुओं का मन कहाँ बदला?''
उलझन में गांधीजी पड़े।
तर्क सच थे।

अडिग वे,
पुनः यह कहने लगे :
"जब तक ज़िद पर रहेंगे आप हिन्दू,
हम करेंगे विरोध हिन्दुओं औ' काँग्रेस का
विश्वास नहीं हमको अब हिन्दुओं पर।
बात मैं स्पष्ट कह देना चाहता,
कोई नहीं रहे किसी भ्रम में सुनें –
इतिहास भी करता समर्थन,
महात्मागण आए चक्रवात बन,
धूल को ही सिर्फ उन्होंने उठाया,
उठा ऊँचा नहीं पाए धरा को।"

"और क्या कहना है, कहो?" –
गांधीजी चौंके, हुए तटस्थ।

"गांधीजी, आइ हैव नो होमलैण्ड...
मेरा कोई घर नहीं है।
इस धरा को कैसे कहूँ अपनी धरा?"
वाक्य कटु यह, विकल मन से,
स्वतः ही, निकल आया,
आम्बेडकर का स्वर कुछ तल्ख था;
आवेश मन का शब्द बन फूटा,
घरघराया।

"आपकी–मेरी सभी की मातृभू है यह।" –
गांधीजी ने प्रेम से तनिक समझाया।

"कह रहा हूँ फिर,
नहीं है कोई मातृभूमि मेरी!"
पीड़ा भरे थे शब्द।
सुनकर हुए गांधीजी स्तब्ध।

"जिस देश में हम जी नहीं सकते,
बिल्ली या श्वान की भी जिन्दगी;
निरन्तर मिल रहे अत्याचार,
फिर भी पा नहीं सकते न्याय;
कहें क्यों मातृभूमि उसे अपनी?"

बात सच ही। दीप-लौ-सी।
थे समुपस्थित अनेक अभिजन।
निःशब्द, सबके सब हुए,
कक्ष -जैसे हो गया निर्जन।

"सच यह है, गांधीजी,
ऐसी दशा में व्यक्ति कोई स्वाभिमानी,
कह नहीं सकता - यह धरा अपनी।
न ऐसा धर्म, उसका कभी होगा,
जिसने हर कदम पर, अन्याय ही भोगा।
बहुत मैं इस देश केलिए चाहता करना,
अफसोस लेकिन सवर्णों की वजह से, कर नहीं सकता।
अपनी पवित्र-जाग्रत आत्मा औ' चेतना से
इस देश को हानि पहुँचाए बिना,
मैं दिलाऊँगा न्याय, मानवीय अधिकार
अपने लोगों को।"

दो टूक उत्तर,
सामने थीं समानांतर दो दिशाएँ,
ऐसी कि किसी बिन्दु पर, मिल न पाएँ।

''डॉक्टर, मैं अछूतों के हिन्दुओं से,
राजनीतिक अलगाव के हूँ खिलाफ।
होगा यह आत्मघात।''
गांधीजी ने अंत में इतना कहा।
टूट गया बात का वह सिलसिला।
00

आम्बेडकर के सम्बंध में
फैलाई गई कुछ भ्रान्तियाँ,
संङ्घर्ष हा स्वााविक
प्रबल थीं विरोधी शक्तियाँ।
थे अडिग सत्य साधक डॉ0 आम्बेडकर,
विचारों से बनते गए वे, प्रखर से प्रखरतर।

लंदन गए वे दूसरी गोलमेज परिषद् केलिए,
गांधीजी भी थे वहीं इस उद्देश्य से पहुँचे हुए।
गांधीजी ने स्पष्ट किया निज ध्येय यह ः
''बस काँग्रेस है एक प्रतिनिधि संस्था,
सभी धर्मों - सभी वर्गों की।
अस्पृश्यता उन्मूलन,
हिन्दू-मुस्लिम एकता
है निश्चित ध्येय काँग्रेस का।''

मान्यता गांधी ने दी
हिन्दू-मुस्लिम-सिखों के
स्वतंत्र प्रतिनिधित्व की।
किया विरोध, की अनदेखी -
वहाँ दलितों के महत्त्व की।

तब आम्बेडकर ने कहा ः
"गांधीजी की यह घोषणा -
है युद्ध, अछूतों के विरुद्ध।"

बात यह उभरी समूचे विश्व में,
किया है विरोध गांधीजी का आम्बेडकर ने।
उत्सुकता हुई सबकी इस रहस्य पर,
ध्यान सब का गया उस व्यक्तित्व पर।

आम्बेडकर का कथन था सबके लिए यही ः
"गांधीजी अस्पृश्यता- उन्मूलन
कर रहे, यह ठीक है; किन्तु उनके
काम का आधार क्या है?
'मानवीयता' नहीं, वह 'दया का भाव' है,
अछूतों को नहीं चाहिए दया।
चाहते वे न्याय और हक़ समानता का।"

कैसा वह राष्ट्रीय परिदृश्य था,
अछूत विरुद्ध गांधीजी के हुए,
सवर्ण हो गए आम्बेडकर के विरुद्ध!

दुर्भाग्य! दोनों को
ठीक से समझा नहीं समाज ने।

गांधीभक्त कहने लगे –
'देशद्रोही', *'भीमासुर'*, *'चार्वाक'*,–
'साँप आस्तीन का', या –
'ब्रिटिशों का बगलबच्चा';–
श्री आम्बेडकर को!

क्षुब्ध नायक, अभिशप्त नायक
बेचैन था वह मूक नायक।
क्या करे? खुले थे दो मोर्चे –
एक अंग्रेजों से,
दूसरा अपने ही गांधीजी से!
00

और एक दिन
गांधीजी ने,
कर दिया घोषित,
आमरण अनशन।
गांधीजी का था विचार ः
"दलितों को देकर स्वतंत्र प्रतिनिधित्व,
स्पृश्य हिन्दुओं से किया जा रहा पृथक्।"
जबकि आम्बेडकर थे अडिग ः
"छोड़ सकता नहीं मैं
दलित वर्ग के न्यायपूर्ण हक़,
हो जाए क्यों न फाँसी मुझे।"

छोड़ सकते नहीं मार्ग अनशन का, थे गांधीजी अटल।
इधर तर्क उनके न्यायसम्मत, थे आम्बेडकर भी प्रबल।

था तनाव सब ओर,
समझौतों का चला दौर।
जो रखते सुझाव आम्बेडकर,
हो जाता गांधीजी को अस्वीकार।
जो कहते गांधीजी उनसे,
वह हो जाता आम्बेडकर को अमान्य।
वातावरण आम्बेडकर के विरुद्ध;
मानो दलितों से ठन गया युद्ध।
अनशन था दुस्सह्य, दुखद;
अशक्त गांधी हुए अस्वस्थ।

देवदास गांधी घर आए आम्बेडकर के,
अन्य नेता भी मिले, की प्रार्थना सब विकल थे।

सी० राजगोपालाचारी हुए सन्नद्ध,
समझौते का प्रस्ताव ले आए प्रबुद्ध।
गांधीजी उससे थे सहमत,
विचलित आम्बेडकर भी हुए सहमत।
पत्नी ने भी किया आग्रह,
मिले आम्बेडकर गांधी से,
बातें हुईं दुःखी थे वे,
सागर का
समझौता हुआ
आंधी से!

टूट गया मन,
अजेय दृढ़ वह पुरुष
झुक कर भी
बन गया 'महामानव'।
जो कहते थे उसे
'संवेदनाशून्य',
'ज़िद्दी' या 'कठोर',
गांधीजी की प्राणरक्षा-हित,
देदी तिलांजलि
निज आग्रह को।
00

"'देशद्रोही', 'राष्ट्रद्रोही',
'हिन्दू धर्म का विध्वंसक';
यदि कोई कहलाता, वह मैं हूँ।
मैं हूँ वह अशिप्त जन
जिस समाज में हुआ पैदा,
विचरण करता रहा जिसमें;
उसी में मरेगा...।
अनुभव करता मैं
निर्जीव हो रहे अंतःकरण हिन्दुओं के,
पत्थर और ईंट की दीवारों की तरह।
ऐसी दीवार पर पटकने से सिर
क्या होगा? - फटेगा सिर अपना ही।
नहीं होगा परिवर्तन हिन्दुओं के मन में।"
तीसरे गोलमेज सम्मेलन में जाने से पहले
कहे थे ये पीड़ा भरे शब्द, आम्बेडकर ने।

और –
'येवला' में
आयोजित थी
दलित सभा विशाल।
किए व्यक्त अपने
उन्होंने हृदय के उद्‌गार ः
"मैं था सक्रिय
मनुष्यता के सहज
और साधारण अधिकार लेने;
हिन्दू समाज को दर्जा समान देने।
निरर्थक हो गए मेरे आन्दोलन।
व्यर्थ गया श्रम,
गया व्यर्थ समय,
व्यर्थ गया धन।...
अंतिम निर्णय लेने का समय
अब आ चुका है सामने मेरे।...
हमारी कमजोरी और पतन के
मूल में है, संरचना हिन्दू-समाज की।
होगा बदलना धर्म वह,
जो दे नहीं सकता समान दर्जा,
समान अधिकार, न्याय सब को,
आचरण समानता का, कर नहीं सकता कभी जो।
... ...
तोड़ो सम्बंध ऐसे हिन्दू धर्म से।
हो स्वाभिमान और मिले शांति जिसमें,
वहाँ जाओ। वही तुम धर्म अपनाओ।

याद रखे
जो भी धर्म तुम चुनो,
चुनो ऐसा कि जिसमें -
मिले अवसर समान,
समान आचरण और न्याय।
स्तर मिले समान, न हो कहीं अन्याय।
... ...
इसमें नहीं मेरा कोई अपराध,
कि जन्मा मैं हिन्दू - अन्त्यज जाति में,
किन्तु निश्चय है मेरा अन्त में
मरते समय मैं नहीं मरूँगा हिन्दू रूप में।''
कितनी पीड़ा!
कितनी दृढ़ता!!
कितनी तिक्तता!!
भरा था हृदय,
वाणी में थी रिक्तता।

00

और वही हुआ अन्त में।
खूब मंथन किया,
अध्ययन किया,
सोचा-विचारा, तय किया :
'बौद्ध धर्म उपयुक्त सबसे';
अपनी प्रतिज्ञा के
इक्कीस वर्षों बाद - चौदह अक्टूबर
उन्नीस सौ छप्पन,
लाखों अनुयायियों के साथ -
वह अपना लिया।

"धर्म के हैं चार लक्षण" - वे कहा करते :
- नैतिकता की दृष्टि से
समाज का मान्य सिद्धांत है धर्म।
- वह टिका होना चाहिए
बौद्धिकता या विज्ञान पर।
- स्वतंत्रता, समानता और बंधुत्व
के भाव का समावेश हो उसके नैतिक नियमों में।
- दरिद्रता को जो न दे प्रोत्साहन।

हिन्दू जिसे कहते हैं 'धर्म',
वह पुलिन्दा है धार्मिक आदेशों या निषेधों का।
समाज-व्यवस्था को बदलना,
धर्म सबसे बड़ा है।

आम्बेडकर यह चाहते थे
'नियमबद्ध धर्म' के स्थान पर
होना चाहिए 'धर्म सिद्धान्तों का'।
'धम्म' ही 'सदधर्म' है।
है भारतीय संस्कृति
का ही एक अंग, यह बौद्ध धर्म,
यह सर्वोत्तम, सर्वग्राह्य, यह विश्व धर्म।

कानून में अधिकार सबको,
मनचाहे धर्म-पालन का।
धर्म परिवर्तन का, शिक्षा-दीक्षा
प्रथा, पूजा, नियम-पालन का।

|| दिशा - चार ||

श्री

मैं नारी समाज की प्रगति पर ही
दलित समाज की प्रगति का मापदण्ड रखता हूँ।
नारियों का संगठन आवश्यक है।
नारियो! स्वच्छ रहिए,
अपने आपको दुर्गुणों से दूर रखिए,
बेटियों को पढ़ाइए-लिखाइए,
उनके मन में महत्वाकांक्षा पैदा होने दीजिए,
उनकी शादी जल्दी करने की कोशिश मत कीजिए।

– डॉ0 भीमराव अम्बेडकर

मानव अधिकारों की है यह घोषणा :
न किया जाएगा स्त्रियों के साथ भेदभाव,
मिलेंगे उन्हें पुरुषों के समान हर अधिकार।
स्त्रियों के साथ भेदभाव का अर्थ होगा -
उन्हें देने से इंकार, पुरुषों के समान अधिकार,
करना सीमा सुनिश्चित; अन्याय यह, अपराध।

गरिमा दो नारी को।
दो स्वतंत्रता जीवन- साथी मनपसंद चुनने की,
बच्चों के हित में पति के संग, स्वप्न निजी बुनने की।

नारी तरुवर की सघन छाँव है,
है मानवता के गौरव का सहज प्रतीक,
श्रद्धा, प्रेम, करुणा की प्याली,
प्रथम गुरु, वह -
सुख-पथ की सरल लीक।

00

डॉ0 आम्बेडकर केलिए
नारी स्वतंत्रता - महज एक नारा नहीं था,
आह्वान था वह, संगठित कर
मानवी को; गुलामी से मुक्ति का।

"अपनी गुलामी से मुक्ति केलिए,
पक्का इरादा कर सकेंगी आप,
मुकाबला डटकर करेंगी;
श्रेय श्रम का हमारे, जाएगा तुमको।"
शब्द थे उनके, ये, अपनेपन से भरे।
और यह मंतव्य उनका :
"दलित समाज की गति-प्रगति का
माप क्या है? - है निश्चय यही -
नारी समाज की प्रगति कितनी हुई?"

यह आवाहन,
कितना पावन;
अपनाए यदि इसे -
हर एक जन :
"नारियो! तुम रहो स्वच्छ,
शिक्षित बनो, दुर्गुणों से दूर रह
बेटियों को शिक्षित करो।
जल्द शादी मत करो उनकी,
बाल-मन में
महत्त्वाकांक्षाओं को
जन्म दो!"

चेतना से ही मिल सकेंगे
निज अधिकार नारी को;
समाज होगा श्रेष्ठ वह, जो
दे सकेगा, प्यार नारी को।

माँ प्रथम गुरु भीमाबाई,
बचपन में ही होगई स्मृतिशेष,
आम्बेडकर को मिला सहज
उनसे ही व्यक्तित्व विशेष।

कबीरपंथ की अनुयायी
थीं विद्वत्-मूर्त्ति वे सहज-सरल,
मधुर कंठ - सुन्दर आँखें;
गातीं कबीर ज्यों पीया हो -
युग-युग का वैषम्य गरल।

था छुटपन से मन पर यह प्रभाव,
कबीर का करुणा-भक्ति-भाव।

संत ज्ञानेश्वर का जीवन-प्रसंग,
माँ ने ही समझाया था, बनने निस्संग।
क्रुद्ध ज्ञानेश्वर को बचपन में
था कहा, जो बहन **मुक्ताबाई** ने ः
"सारा विश्व होजाए क्रोध से आग,
बनना चाहिए हमें पानी -
जो सह लेता लोक का हर अपराध।
जिह्वा को यदि काटे कोई दाँत,
फेंकेगा क्या कोई उसे उखाड़?...
स्वयं को पहले तुम तारो;
फिर तारो सारी दुनिया को।
मेरे भ्राता बोलो तुम!
बन्द द्वार को खोलो तुम!"

रामाबाई जीवन-साथी
थी सुन्दर-सुशील-सरल चित्त,
अति रूपमती, बुद्धिमान मित्र।

जीवन-उत्कर्ष में,
हर संघर्ष में -
पत्नी रामा ने
उनका साथ दिया;
जब भी चिन्ता के
पल आए,
समझा-समझाया -
हाथों में निज हाथ दिया।

मिली विदेश में कई साथी,
कुछ युवा मित्र, संघर्षशील;
थी उनमें अति प्रेमिल **मैक्सी** एक,
दूसरी - **ज़ेनी** मननशील।
थी **ज़ेनी** अक्सर
यह कहती :
''जीवन में आनन्द की
धारा बहती।
यह जीवन रोशनी और
ध्वनि की धड़कन,
यह मुक्त हवा-सा
बहता है पानी-सा
अधिकार न इस पर
किसी एक का
जबरन।''

मैक्सी भी सरलता में बहती,
मानवता के पक्ष में सच कहती ः
"जेनी से मैं हूँ सहमत,
यह जीवन ईश्वर की नेमत।
पानी-पवन या आसमान,
सूरज-चाँद-सितारे-पक्षी -
हैं नहीं किसी के भी गुलाम।
पक्षी-पक्षी में भेद नहीं,
पशु-पशु से है निर्भय-स्वतंत्र;
फिर क्यों मानव ही मानव से
रहता आया त्रस्त और परतंत्र?"

मैक्सी अच्छी मित्र रही,
कालांतर में बन गई बहन।
चर्चाएँ होती दोनों में -
सुनती-गुनती वह सभी कथन।

"ऐश्वर्य लक्ष्य
जीवन का नहीं कभी,
अमरीका ऐश्वर्य में डूब रहा ..." -
एक दिन आम्बेडकर ने उससे
यह देखा-समझा सत्य कहा।
"मैं अमरीका
देखने नहीं केवल,
मैं इसे 'समझने' आया हूँ।
नीग्रो स्वतंत्र हुए, यह ठीक बात;
किन्तु निर्बंध आचरण ठीक नहीं,
सब कुछ देखा-समझा मैंने,
मैं तो बस यह बात समझ पाया हूँ।"

"मनुष्य को नहीं भूलना यह -
वह है मनुष्य सबसे पहले।
यह बात उसे बनाती है मनुष्य
वह आजीवन - मनुज रहले।"

"मैं नहीं जानता -
प्यार क्या है?
दुलार क्या? -
मनुहार क्या है?
पत्नी पति की सहचरी है,
जाना यही अधिकार क्या है?
मैंने तो बस
निज पत्नी को ही
अब तक
गहरा प्यार किया है,
शक्ति से उसकी
अभी तक -
निज को
लक्ष्य-हित तैयार किया है।"

निराशा के क्षणों में
किरण आशा की रमा बनती।
गाती **संत ज्ञानेश्वर** का भजन :
"सब घट देखा माणिक मौला...
कैसे कहूँ मैं काला-धौला..."
या गाती **चोखा महार** का अभंग :
"जोहार माय बाप जोहार... तुमच्या महाराचा भी महा
बहु भुकेला जाहलों... तुमच्या उष्ट्यासाहीं आलों।..."

भावगंगा में बहने लगते आम्बेडकर...
...दासों का दास, अछूतों का अछूत;
झूठा खाना उसका धर्म।...
दरवाजे पर पड़ा रहनेवाला, दास वह!
कितनी करुणा, कितना मर्म!!
सब कुछ बिना कहे, बिना सुने;
समझ आता।
रामाबाई का हृदय
आषाढ़-मेघ-जैसा,
आर्द्र नयनों में घिर जाता।
थी प्रेरणा वह रामू,
निरक्षर किन्तु 'सुपठित'
जीवन-सूत्र समझती सारे,
रहते जो पोथियों में 'अलिखित'!

संघर्ष-समर में
लगे थे आम्बेडकर,
और एक दिन सहसा
वह चल बसी।...

00

आंदोलन के बीच में मिलीं,
संघर्षशीला नारियाँ कई, -
अपने जनों के साथ,
सब नदी बन बह गईं।
श्यामाबाई एक उनमें,
भजन की पंक्ति-जैसी,
स्मृति में बसी बस रह गई।

00

बाद वर्षों के,
अन्तिम दिनों में,
मिलीं उन्हें सविता कबीर;
पत्नी बनीं वे परम विदुषी -
स्वतंत्रचेता, धूप की शहतीर।

00

मुक्ति-दूत वह;
अग्निकेतु-सम,
प्रेरक बन अग-जग के,
चले गए, देकर विचार,
इस युग को, युग-युग के।

याद हम रखें उनका यह कथन,
फिर-फिर करें इस पर मनन :
"मेरे मरणोपरांत -
संस्था मत बनाइए,
मेरे विचार या सम्प्रदाय की।
जो समाज या संस्था -
काल और समय के अनुसार,
नहीं बदलती अपने विचारों को,
या नहीं बदलने केलिए तैयार होती;
टिक नहीं सकती कभी वह -
जीवन के कठिन संघर्ष में।"